D1670551

Weiterführend empfehlen wir in der gleichen Reihe:

Was mein Leben wertvoll macht
ISBN 3-8029-5500-5

Schaffen Sie Ihre Zukunft neu
ISBN 3-8029-5509-9

**Ihre Persönlichkeit –
Ihr Potenzial**
ISBN 3-8029-5501-3

**Mann muss nicht schlecht sein,
um besser werden zu wollen**
ISBN 3-8029-5507-2

Karriere. Macht. Einsamkeit.
ISBN 3-8029-5502-1

Der ganzheitliche Mensch
ISBN 3-8029-5510-2

Zum Autor:

Peter Döring, langjähriger Mitarbeiter bei IBM Deutschland und Leiter der Abteilung Verkaufsförderung, ist selbstständiger Personaltrainer. Zu seinen Kunden zählen Großunternehmen und multinationale Konzerne; erfolgreicher Fachautor.

Wir freuen uns über Ihr Interesse an diesem Buch. Gerne stellen wir Ihnen zusätzliche Informationen zu diesem Programmsegment zur Verfügung. Bitte sprechen Sie uns an:

E-Mail: walhalla@walhalla.de
http://www.walhalla.de

Peter Döring

Programm für Lebenserfolg

Das Geheimnis der wirklich Erfolgreichen

Erfolg und Lebenskunst

Bibliografische Information Der Deutschen Bibliothek

Die Deutsche Bibliothek verzeichnet diese Publikation in der Deutschen Nationalbibliografie; detaillierte bibliografische Daten sind im Internet über http://dnb.ddb.de abrufbar.

Zitiervorschlag:
Peter Döring, Programm für Lebenserfolg
Walhalla Fachverlag, Regensburg, Berlin 2003

Produktion: Walhalla Fachverlag, 93042 Regensburg
Umschlaggestaltung: Calla Design Gruppe, Regensburg
Druck und Bindung: Westermann Druck Zwickau GmbH
Printed in Germany
ISBN 3-8029-5506-4

Schnellübersicht

Effektive Techniken

Mit Überzeugung zu einem erfreulichen Leben

Ob noch Kind oder schon erwachsen, ob Frau oder Mann, jeder Mensch verdankt seinen selbst verursachten Erfolg der Fähigkeit, etwas zu können, darüber zu informieren und seine Umwelt zu beeinflussen. Ganz gleichgültig, ob jemand einen Beruf ausübt oder welcher Arbeit er nachgeht, jeder Mensch ist in diesem Sinne Verkäufer. „Sei dein eigener, erfolgreicher Verkäufer!", sollten wir uns daher vornehmen. Erfolgreich sein heißt erfreut sein. Und wer wollte nicht ein möglichst erfreuliches Leben führen?

Jeder Mensch gewinnt durch seine Überzeugungskraft, mit der er von seinem Können und seinen Ansichten überzeugt – der professionelle Verkäufer darüber hinaus von seinen Produkten und Dienstleistungen. Dazu brauchen wir bestimmte Fähigkeiten und einige positive Eigenschaften. Je besser es uns gelingt, diese zu entwickeln und als Gewohnheit anzunehmen, um so aussichtsreicher ist unsere Chance, ein nicht nur erfolgreiches, sondern auch ein erfreuliches Leben zu führen. So kommen wir auch den fünf großen Lebenszielen näher, die für uns alle gelten:

1. Positive Lebensführung

2. Gesundheit

3. Kontakt

4. Kultur

5. Konto

Sparen Sie, kaufen Sie Aktien, vertrauen Sie erübrigtes Geld einem Fonds an? Jeder, für den das mittel- oder langfristig zutrifft, ist erfreut, wenn mehr dabei herauskommt, als einbezahlt wurde. Aber es gibt viele Aktien, viele Fonds. Nicht alle werfen Gewinn ab. Weil das so ist, werden Sie sorgfältig auswählen und sich beraten lassen, wem Sie Ihr Geld anvertrauen sollten.

Unbestreitbar ist: Geld einer stabilen Währung ist unverzichtbar. Aber in Ihnen liegt bereits seit Ihrer Geburt ein anderer Schatz: Ihre Befähigungen. Sie warten darauf, geweckt und angewendet zu werden, damit Sie ein möglichst Werte schaffendes Leben führen und Ihr Leben genießen können.

Vielleicht schaffen Sie das ja ohnehin schon ganz gut. Aber möglicherweise finden Sie hier einige nützliche Anregungen – oder auch nur Bestätigungen –, die Ihnen noch mehr Sicherheit vermitteln, dass für Sie das Richtige wirkungsvoll umzusetzen stets Richtschnur Ihres Handelns bleibt.

Das gelingt nicht immer. Bedenken Sie: Wie viele Ihrer Vorschläge haben Sie nicht durchsetzen können! Wie viele gute, ja erstklassige Produkte bleiben unverkauft, weil die Produzenten sie zwar herstellen können, aber nicht verstehen, sie zu verkaufen. Um Ihren ureigenen Schatz an Befähigungen in maximalen Erfolg zu verwandeln, müssen Sie Ihre Ideen in die Köpfe anderer einbringen und Zustimmung gewinnen. Das ist das Kunststück! Guter Rat kann dabei helfen.

Was Ihnen dieses Buch bietet

Überzeugen setzt, wie Verkaufen, eine bestimmte Gesprächsführung voraus. Aber die beste Überzeugungs-Methode läuft ins Leere, wenn übernommene, ichbezogene Ansichten unrealistische Vorstellungen stützen, oder das eine oder andere wichtige Merkmal der eigenen Persönlichkeit nicht genügend beachtet wurde, beispielsweise der zweckmäßige Umgang mit sich selbst und Menschen der unmittelbaren Umgebung. Diese Themen behandelt der erste Teil.

Heutzutage müssen wir ungewollt Werbung sehen und hören, die uns abstößt. Weder Sie noch Ihre Mitmenschen wollen überredet, gar genötigt werden. Wenn wir zustimmen, „Ja" sagen sollen, wollen wir überzeugt werden. Wie es Ihnen gelingen kann, andere, auch Ihren Partner und Ihre Kinder zu überzeugen, lesen Sie im zweiten Teil. Im dritten Teil folgen weitere Informationen und Anwendungsbeispiele.

Übrigens: An notorische „Nein"-Sager und Pessimisten wende ich mich nicht. Positive, aktive Menschen wünsche ich mir als Leser. Sie spreche ich an. Dabei geht es mir darum, die Geheimnisse aller wirklich Erfolgreichen zu lüften. Sind Sie schon gespannt zu erfahren, worin diese Geheimnisse bestehen?

Wissen praktisch umsetzen

Vor dieser Lektüre sollten Sie einen ansprechenden Ordner mit vielen Seiten guten Papiers bereithalten und fünf Abschnitte vorsehen, je einen für Ihre fünf großen Lebensziele. Diskutieren Sie bitte mit Ihrem Partner oder guten Freund die am Ende eines Kapitels angebotenen Aspekte.

Im Vorwort zum Buch „Mind Mapping" von Mogens Kirckhoff heißt es: „Mit Hilfe der Mind-Map-Methode können Sie die gesamte Kapazität Ihrer geistigen Fähigkeiten individuell, schnell und umfassend nutzen. Mind-Maps unterstützen Ihr Gedächtnis, Ihre Konzentration, Ihre Effektivität, Ihren Überblick, Ihren Ideenreichtum – und machen viel Spaß! Sie können sie bei kleinen Alltagsaufgaben und bei höchst komplexen Projekten einsetzen: Ein Haus planen oder ein Geburtstagsfest, ein Interview vorbereiten oder eine Konferenz mit vielen Menschen, im Unterricht oder beim kreativen Schaffen."

Ganz besonders nützlich wäre es für Sie, an Stelle der angebotenen Mind-Mapping Muster Ihre eigenen zu entwerfen. Viel Spaß dabei!

Peter Döring

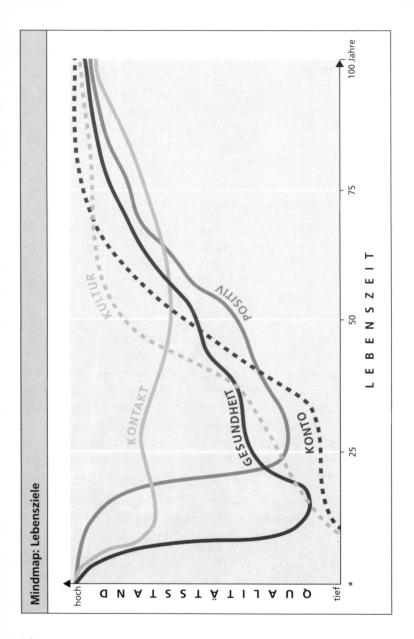

Fleiß: Erfüllung oder Erschöpfung

1

1. Erfüllung: Berufung und Betriebsamkeit

Johann Sebastian Bach, Wolfgang Amadeus Mozart und Franz Schubert waren begnadete und außerordentlich fleißige Komponisten, deren Namen in der ganzen Welt bekannt sind, obgleich Bach und Mozart schon vor mehr als 200 Jahren verstorben sind, Schubert 1828. Die musikalische Begabung dieser Genies war eine Ursache für ihren Erfolg. Gab es noch andere?

Sie werden sicherlich viele Persönlichkeiten nennen können, nicht nur lebende, sondern auch längst verstorbene, die zwar keine Genies, deren Namen aber trotzdem weithin bekannt sind. Während die allermeisten Menschen bereits kurz nach ihrem Tode vergessen sind, bleiben sie gegenwärtig. Wie haben sie das geschafft?

Auffällig ist deren tägliches Arbeitsprogramm. Offensichtlich gibt es für sie weder die 35-Stunden-Woche noch den vorzeitigen Ruhestand. Alle leben für ihre sich selbst gestellte Aufgabe. Für sie gibt es nichts Wichtigeres, nichts Schöneres, als die Arbeit an ihrem großen Ziel. Dieses Ziel begeistert sie, ihm widmen sie alle verfügbare Zeit. In den Augen ihrer Mitmenschen gelten sie als über alle Maßen fleißig. Ist also Fleiß, neben Begabung, der zweite Schlüssel zum großen Erfolg?

Betriebsamkeit allein ist nicht genug

Sicherlich nicht. Gerade die fleißigsten Menschen sind oft die am wenigsten Erfolgreichen, ja sogar die ärmsten. Aus den Medien kennen wir die Bilder grauenhafter Plackereien, mit denen sich in den armen und ärmsten Ländern Menschen quälen müssen, um

www.metropolitan.de

nicht zu verhungern. Nein, Fleiß allein kann nicht ein Schlüssel für Erfolg sein, schon gar nicht fleißige Muskelarbeit – Bodybuilder ausgenommen.

2. Erschöpfung: Fron und Fleiß

Fleiß wird zur Fron, wenn man damit nur versucht, Strafen zu entgehen oder den Hungertod abwenden will. Arbeit, empfunden als Fron, also ungeliebt oder gar verhasst, löst in unserer gegenwärtigen Welt automatisch das Bedürfnis aus, diese Last so bald wie möglich abzuwerfen. Daraus resultiert der ungeduldig ersehnte Beginn des Ruhestands. Wird dieser in Genießen des „Nicht-mehr-arbeiten-Müssens" verbracht, ohne Kompensation durch andere, freiwillig, engagiert und gerne übernommene Aufgaben, folgt zwangsläufig Langeweile. Man baut ab, wird krank, man wird von der Umwelt isoliert. Schließlich landet man in irgendeinem Altersheim, wo Einsamkeit und Siechtum dazu führen, dass man eigentlich nur noch den Tod herbeisehnt.

Fleiß, wenn dahinter Spaß, Freude, Faszination, gar Leidenschaft und Begeisterung stehen, ist Erfüllung. Wer Erfüllung in seinem Leben findet, ist ganz von selbst „fleißig", er kann gar nicht anders und ist damit sein ganzes Leben lang aktiv! Was begeistert, wird „fleißig" getan und bringt dauerhaften Erfolg. Das bedeutet, falls erwünscht und weitere Voraussetzungen erfüllt sind, nicht nur materiellen Wohlstand, sondern in jedem Alter wertvolle Kontakte und ein ständiges Wachsen der Persönlichkeit. Stabile Gesundheit und Fitness sind typische Merkmale eines so in allen Abschnitten positiv und engagiert geführten Lebens.

**Das erste Geheimnis der Erfolgreichen –
Persönliche Stärken**

„Ich konzentriere mich auf meine Stärken."

**Das zweite Geheimnis der Erfolgreichen –
Begeisterung**

→ „Ich gehe mit Begeisterung an meine von mir selbst
gestellte Aufgabe."

3. Werden Sie aktiv!

Bitte notieren Sie Ihre Stichworte und machen Sie sich Ihre Gedanken zu den fünf Lebenszielen:

1. Ich glaube an die Zukunft, weil:

   . . . .

   . . . .

2. Ich will gesund bleiben und … Jahre alt werden.

3. Meine Freunde sind:

   . . . .

   . . . .

4. Im kulturellen Bereich beschäftige ich mich mit:

   . . . .

   . . . .

5. Am meisten interessiert mich:

   . . . .

   . . . .

Besprechen Sie Ihre Antworten und die daraus entstehenden Konsequenzen mit Ihrem Lebenspartner. Halten Sie mit Datum und Unterschrift fest, wozu Sie sich entschlossen haben.

www.metropolitan.de

Ihre persönlichen Erkenntnisse

- Meine drei wichtigsten neuen Erkenntnisse sind:

  . . . .

  . . . .

  . . . .

  . . . .

- Folgende Erkenntnisse sind mir aufs Neue bewusst geworden:

  . . . .

  . . . .

  . . . .

  . . . .

- Das werde ich in den kommenden Wochen bewusst anwenden:

  . . . .

  . . . .

  . . . .

  . . . .

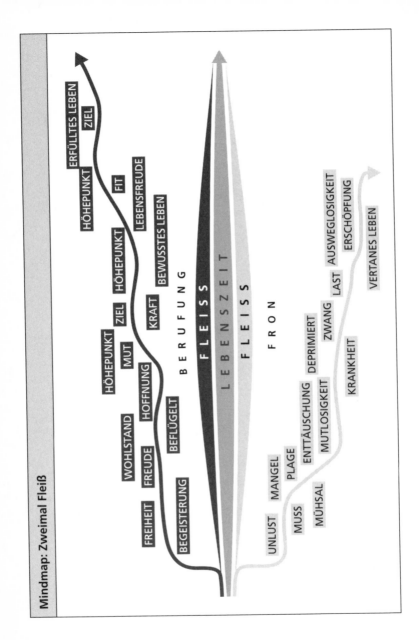

ERFÜLLTES LEBEN
ZIEL
HÖHEPUNKT
FIT
LEBENSFREUDE
HÖHEPUNKT
ZIEL
BEWUSSTES LEBEN
KRAFT
BERUFUNG
HÖHEPUNKT
MUT
HOFFNUNG
WOHLSTAND
FREUDE
BEFLÜGELT
FREIHEIT
BEGEISTERUNG

FLEISS
LEBENSZEIT
FLEISS
FRON

AUSWEGLOSIGKEIT
ERSCHÖPFUNG
LAST
VERTANES LEBEN
ZWANG
DEPRIMIERT
ENTTÄUSCHUNG
MUTLOSIGKEIT
KRANKHEIT
MANGEL
PLAGE
UNLUST
MUSS
MÜHSAL

Persönlichkeit:
Sein und werden

2

1. Wer ist eine Persönlichkeit?

Peter wird Peterle gerufen, er ist ja noch klein, erst zweieinhalb Jahre alt. Bis jetzt nannte er sich selbst auch so: „Oma mit Peterle spielen …", wenn Oma mit ihm spielen sollte. Doch heute ist für ihn ein ganz besonderer Tag. Heute hat er zum ersten Mal „ich" gesagt: „Ich will mit Oma spielen."

Wenn ein Kind etwa zweieinhalb Jahre alt ist, erkennt es seine Persönlichkeit und sagt von da an „ich". Es ist dann eine „kleine Persönlichkeit". Niemand würde von dem Kind als „diese Person" sprechen. Darin läge etwas Abwertendes. Der Begriff „Persönlichkeit" hingegen bewertet, anerkennt, auch wenn dieser Mensch noch ein Kind ist. Jeder Mensch ist eine Persönlichkeit. Offen bleibt, ob er sich zu einer einflussreichen Persönlichkeit entfalten wird.

Die Chance dazu ist immer gegeben, jeder Mensch hat sie! Persönlichkeit ist also nichts Endgültiges, sondern etwas, das wächst und manchmal auch wieder schrumpft. Morgen kann sie schon eine andere sein, eine größere oder auch kleinere. Der Beginn dieser Persönlichkeits-Entwicklung kann nicht genau datiert werden, wohl aber ihr Ende. Sie endet erst mit dem leiblichen Tod des Menschen.

2. Was prägt eine Persönlichkeit?

Jeder Mensch verfügt über sein individuelles Energiepotenzial, das im Vergleich zu anderen Menschen größer oder kleiner ausfallen kann.

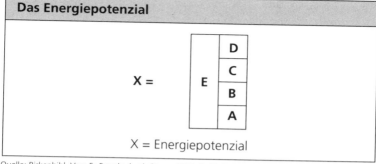

X = Energiepotenzial

Quelle: Birkenbihl, Vera F.: Freude durch Stress, 1979, S. 59-64

Kleines Energiepotenzial = geringes Durchsetzungsvermögen

Großes Energiepotenzial = großes Durchsetzungsvermögen

Das Kästchenmodell zeigt die Energie-Hierarchie. Wir brauchen:

1) A fürs Überleben, für Nahrung, Stoffwechsel, Kleidung, Wohnung

2) B für Selbstwertgefühl, Verteidigung, psychisches Wohlbefinden

3) C für Informations-Verarbeitung, kommunizieren, denken, lernen

4) D für nicht unter A oder B fallende Tätigkeiten wie musizieren, ausruhen, entspannen, faulenzen

So setzen wir diese Potenziale bis zu ihrer Neige ein:

Wenn A erschöpft, Anleihe bei B

Wenn B erschöpft, Anleihe bei C

Wenn C erschöpft, Anleihe bei D

Wenn D erschöpft, E als letzte Reserve

Wenn E erschöpft ist, setzt schädlicher Disstress ein.

Für die Persönlichkeitsentwicklung ist es ohne wesentliche Bedeutung, wie groß das individuelle Energiepotenzial ist, da kaum ein Mensch sein verfügbares Energiepotenzial voll einsetzt. Niemand sollte daher mangelhafte Leistung damit entschuldigen, sein ihm gegebenes Energiepotenzial sei nun einmal zu klein. Viele Beispiele zeigen, wie Menschen in Krisensituationen zu Leistungen weit über das Maß ihrer im Normalfall eingesetzten Energie fähig sind.

Befähigungen

Ob ein durchschnittlich intelligenter junger Mensch während seiner Schulzeit den mathematisch/naturwissenschaftlichen Zweig wählt, den alt- oder neusprachlichen oder einen musischen Weg nimmt, sollte seiner von ihm bevorzugten Befähigung entsprechen. Statt „Befähigung" könnte man auch von „Begabung" oder „Talent" sprechen. Von der Natur aus zwar unterschiedlich bedacht, gibt es doch keinen Menschen ohne Befähigungen.

Erfolgs-Tipp:

- „Ja" zum talentierten Können!

- „Nein" zum latenten Talent!

Latente Talente haben ihre Befähigungen ignoriert und sich dadurch selbst um mögliche Fähigkeiten gebracht; sie gelten daher oft in den Augen ihrer Mitmenschen als dumm. Fähigkeiten dagegen werden geachtet, oft bewundert; sie kennzeichnen die Stärke einer Persönlichkeit.

Die Umwelt

Jeder Mensch lebt mit zwei Schicksalen, dem großen, vorgegebenen und dem kleinen, beeinflussbaren Schicksal. Zum Vorgegebenen gehören beispielsweise Vater und Mutter, Zeit und Ort der Geburt und die biologisch maximale Lebenserwartung. Zum kleinen, beeinflussbaren Schicksal gehört die Umwelt. Dazu meint der bekannte Persönlichkeitstrainer Nikolaus B. Enkelmann:

„Nur der Mensch hat die Kraft, bewusst zu denken, zu planen und zu gestalten. Nur er kann sich selbst und damit sein Schicksal und seine Zukunft gezielt beeinflussen."

Wir kennen kaum die Sprache der Tiere. Aber offensichtlich kümmern sich Tiereltern vorsorglich um ihre Jungen, sorgen beispielsweise für den Winter vor und beeinflussen so ihre Überlebens-Chancen und ihre Zukunft. Dennoch dürfen wir wohl davon ausgehen, dass wir Menschen, wie es das erste Grundgesetz der Lebensentfaltung von Nikolaus B. Enkelmann formuliert, in einzigartiger Weise von der Schöpfung bevorzugt wurden. Dieses Privileg, unser Schicksal und unsere Zukunft selbst bestimmen zu dürfen, macht uns verantwortlich für alles, was, durch Menschen verursacht, in unserer Umwelt geschieht.

Die Umwelt gehört zum kleinen Schicksal. Sie beeinflusst uns zwar von der ersten Minute des Lebens an, aber umgekehrt beeinflussen wir die Umwelt.

Erfolgs-Tipp:

Eine selbstbewusste Persönlichkeit lässt nicht vorwiegend die Umstände das eigene Leben bestimmen, sondern bestimmt selbst so weit wie möglich die Umstände.

Eine Frage, die jeder Mensch immer wieder stellen müsste, heißt: Wer regiert mein Leben, die Umstände oder ich?

Große Persönlichkeiten sind Herr im eigenen Haus. Sie bestimmen, was geschieht.

Das Können

Im Unterschied zu anderen Wesen müssen Menschen so gut wie alles zum Leben Notwendige lernen, bis sie es können. Sie sind aber auch die lernfähigsten aller Lebewesen. Können setzt Lernen voraus, und Lernen kostet Zeit. Da unsere Lebenszeit begrenzt ist, sind auch dem Lernen Grenzen gesetzt. So könnten wir versucht sein zu bedauern, dass uns nicht mehr als maximal 100 Jahre fürs Lernen zur Verfügung stehen.

Aber fragen wir uns selbst: Wie viel der von der Schöpfung eingeräumten Lebenszeit nützen wir, um zu Lernen? Für viele scheint das Lernen mit dem Verlassen der verhassten Schule beendet zu sein. Pythagoras riet seinen Schülern: „Tue nichts, wovon du nichts verstehst, sondern lerne alles, was notwendig ist, und du wirst das erfreulichste Leben führen."

Vor noch nicht allzu langer Zeit war Lernen begrenzt auf die Zeit in den Schulen einschließlich Fach- und Hochschulen, an den Universitäten oder in der Lehre sowie der Ausbildung am Arbeitsplatz. Alles zusätzliche Wissen und Können resultierte aus der eigenen Berufs- und Lebenserfahrung. Vor gut 50 Jahren begann die Zeit der Seminare. Mit ihnen setzte sich die Erkenntnis durch: „Lernen ist wie rudern gegen den Strom. Wer nicht lernt, fällt zurück."

3. Die vier Lernstufen

Heute gilt: Lernen ist ein lebenslanger Prozess. Aber selbst Lernen will gelernt sein, bevor aus dem Lernen Können wird. Wir alle durchlaufen vier Lernstufen:

Lernstufe I: Ich weiß nicht, dass ich nicht weiß

Auf die Bitte seines Sohnes Peterle, das Auto in die Garage fahren zu dürfen, nimmt Vati den Dreijährigen auf den Schoss. Dessen noch kleinen Hände umfassen das große Steuerrad. Vati fährt das Auto. Peterle hat die Illusion, das Auto selbst in die Garage zu fahren.

Lernstufe II: Ich weiß, dass ich nicht weiß

Der fünfjährige Peter fragt nicht, ob er Vatis Auto in die Garage fahren darf. Er weiß, dass er nicht Auto fahren kann.

Lernstufe III: Ich weiß, dass ich weiß

Der 18-jährige Peter hat heute seine Fahrerlaubnis erhalten. Er weiß, dass er Auto fahren kann; aber er ist noch unsicher und muss sich auf das Autofahren sehr konzentrieren.

Lernstufe IV: Ich weiß nicht, dass ich weiß

Der 21-jährige Peter fährt nach dreijähriger Fahrpraxis sicher. Dass er Auto fahren kann, ist ihm beim Fahren gar nicht mehr bewusst. Sein Autofahren wird perfekt aus dem Unterbewusstsein gesteuert.

Erfolgs-Tipp:

Können ist erst dann wertvoll, wenn es durch Lernen, Üben und Anwenden in Lernstufe IV, das heißt im Unterbewusstsein, verankert ist.

Fassen wir zusammen: Die Persönlichkeit eines Menschen wird geprägt durch

- das Energiepotenzial,
- die Befähigungen,
- die Umwelt,
- das in Lernstufe IV verfügbare Können.

Das dritte Geheimnis der Erfolgreichen – Persönlichkeit

„Ich bin eine starke, einflussreiche Persönlichkeit."

4. Werden Sie aktiv!

Machen Sie sich Gedanken zu den die fünf Lebensziele betreffenden Fragen und diskutieren Sie Ihre entsprechenden Notizen mit Ihrem Partner:

1. Bringe ich genug Energie auf, um auch in schwierigen Situationen zuversichtlich zu bleiben?

2. Lebe ich gesund?

3. Wer ist mein Vorbild?

4. Was bedeutet für mich Kultur?

5. Welche Tätigkeit liegt mir am meisten?

Ihre persönlichen Erkenntnisse

■ Meine drei wichtigsten neuen Erkenntnisse sind:

. . . .

. . . .

. . . .

■ Folgende Erkenntnisse sind mir aufs Neue bewusst geworden:

. . . .

. . . .

. . . .

■ Das werde ich in den kommenden Wochen bewusst anwenden:

. . . .

. . . .

. . . .

www.metropolitan.de

PERSÖNLICHKEIT

FÄHIGKEITEN

IV KÖNNEN

UMWELT

BEFÄHIGUNG

ENERGIE

PERSÖNLICHKEIT

Zielsetzung: (Un-)Begrenzte Möglichkeiten

3

Ich ruf Euch Eure Abkunft ins Gewissen.
Ihr seid nicht da, zu leben gleich den Kühen,
doch zum Verfolg von Tüchtigkeit und Wissen.

Dante Alighieri

1. Dem eigenen Talent folgen

Jede unserer Befähigungen könnte durch Lernen, Üben und Anwenden in Fähigkeiten und damit in Können umgesetzt werden. Dr. Gustav Großmann sagt dazu in seinem Buch „Sich selbst rationalisieren": „Das Können verdoppeln heißt, den eigenen Wert verdoppeln." Einverstanden. Dabei stoßen wir aber schnell auf eine unüberwindliche Grenze: die Lebenszeit. Lernen kostet Zeit! Das heißt: Nur eine sehr bescheidene Anzahl der in uns liegenden Befähigungen können wir verwenden; die meisten nehmen wir ungenutzt mit ins Grab. Darum ist es von so entscheidender Bedeutung, die für den eigenen Erfolg maßgebenden Talente zu erkennen und sich auf diese wenigen zu konzentrieren, um sie in perfektes Können zu verwandeln. Je besser das gelingt, umso größer die Chance, im Leben Erfolg zu haben.

Das schafft nicht jeder auf Anhieb. Typisches Beispiel hierfür ist Theodor Fontane. Er begann seine Karriere, wie schon sein Vater, als Apotheker, einem Beruf, der ihm überhaupt nicht zusagte und den er bald wieder aufgab, um sich als freier Schriftsteller zu etablieren. Das war's, was ihn wirklich interessierte. Lange Zeit schrieb er Theaterkritiken, Reiseberichte, Gedichte und Balladen, aber keine Romane. Die Familie konnte er damit eher schlecht als recht durchbringen. Aber dann begann er, zehn Jahre vor seinem Tod, zeitkritische Romane zu verfassen, so „Irrungen und Wirrungen", gefolgt von „Effi Briest" und zuletzt „Der Stechlin". Mit ihnen gelang ihm der Sprung in die Weltliteratur. Er ist heute noch der meistgelesene Romancier des 19. Jahrhunderts!

28

2. Das Möglichste tun, um Unmögliches zu erreichen

Robert H. Schuller, Pfarrer in Kalifornien – er hat eine Einschaltquote von 2,7 Millionen Zuschauern bei seinen wöchentlichen, weltweit ausgestrahlten Fernsehsendungen –, ist Buchautor im Bereich positiver Lebensgestaltung. „Das Wort ‚unmöglich' habe ich aus meinem Wortschatz gestrichen", schreibt Schuller. So wie wir zwischen Pessimisten und Optimisten unterscheiden, oder Probleme-Machern und Probleme-Lösern, stellt er dem Unmöglichkeits-Denker den Möglichkeits-Denker gegenüber. Das in unserer Zeit eklatanteste Beispiel für einen Möglichkeits-Denker dürfte Hermann Oberth sein. Er kam am 25. Juni 1894 in Hermannstadt auf die Welt. Lesen und staunen Sie!

Beispiel: _____

1906 Der zwölfjährige Hermann liest die Bücher „Von der Erde zum Mond" und „Die Reise um den Mond" von Jules Verne.

1907 Als Dreizehnjähriger widerlegt er Jules Vernes Theorie mathematisch. Die Beschleunigung des beschriebenen Geschützgiganten hätte so groß sein müssen, dass der Andruck, dessen Rechenformel er selbst abgeleitet hatte, das über 21 000-fache der Erdschwere betragen hätte. Es musste daher ein grundlegend neuer Weg gefunden werden.

1908 Der vierzehnjährige Oberth findet die Lösung: Die Rakete.

Wernher von Braun schreibt über Hermann Oberth: „In prophetischer Klarheit beschreibt Hermann Oberth alle wesentlichen Elemente heutiger! Großraketen, die von zeitgenössischen Schreibern oft für Erfindungen der letzten Jahre gehalten werden. Ich selbst verdanke Hermann Oberth und seinem Schaffen den Leitstern meines Lebens. Er war der geniale Mentor, der mir als jungen Ingenieurstudenten zur ersten Berührung mit den theoretischen und praktischen Problemen der Raketentechnik verhalf und meine träumerische Begeisterung für die Erforschung der grenzenlosen Weiten des Weltraums in Bahnen lenkte, die ihre technische Verwirklichung möglich machten."

Hermann Oberth – und nicht sein Schüler Freiherr Wernher von Braun – ist der fast alleinige Vordenker und Erfinder heutiger Weltraumtechnik. Gesegnet mit einer buchstäblich grenzenlosen Fantasie, entwickelte er seine Befähigungen zu perfektem mathematischen und handwerklichen Können.

Der Inhalt seines im Juni 1923 veröffentlichten Buchs „Die Rakete zu den Planetenräumen" hat auch heute noch nichts von seiner Gültigkeit verloren. Mit ihm hat das Raumzeitalter begonnen, so die Meinung von Fachleuten. Oberth hatte das Manuskript vier wissenschaftlichen Verlagen angeboten, die es mit der Begründung ablehnten, sie müssten auf ihren Ruf achten und könnten so ausgefallene Arbeiten nicht bringen. Der Münchener Oldenbourg Verlag erklärte sich schließlich bereit, es zu drucken – aber nur auf Kosten des Autors. Da Hermann Oberth mittellos war, wäre das Buch nie erschienen, wenn nicht seine Frau Tilla hierfür ihre in die Ehe eingebrachten Ersparnisse zur Verfügung gestellt hätte. Vergleichen wir diese Persönlichkeiten, Oberth und von Braun, mit uns.

Die folgende Übersicht enthält die wesentlichen Erfolgsfaktoren, mit denen Oberth und von Braun zum Ziel gelangt sind. Versuchen Sie, diese Erfolgseigenschaften auch bei sich selbst zu entdecken!

Möglichkeits-Denker

Hermann Oberth	Wernher von Braun	Ich
Grenzenlose Fantasie.	Viel Fantasie.	. . . .
Weiß schon als Jugend-licher, was er will.	Weiß schon als Jugend-licher, was er will.	. . . .
Konzentriert sich auf das, was ihn wirklich interessiert.	Konzentriert sich auf das, was ihn wirklich interessiert.	. . . .
Hat alles gelernt, was für seinen Beruf not-wendig ist.	Hat alles gelernt, was für seinen Beruf not-wendig ist.	. . . .
Ist Möglichkeits-Denker.	Ist Möglichkeits-Denker.	. . . .
Ist begeistert von seiner Arbeit.	Ist begeistert von seiner Arbeit.	. . . .
Ist beliebter Redner.	Ist überzeugender Redner.	. . . .
Kann nicht gut andere von seinen Ideen überzeugen.	Kann sehr gut andere von seinen Ideen überzeugen.*	. . . .
Kann nicht gut verkaufen.	Kann gut verkaufen.	. . . .
Ist Mentor (für v. B.).	Hat Mentor (H. Oberth).	. . . .
Hat wenig Unterstützung.	Hat massive Unterstützung.	. . . .
Hat wenige Freunde.	Hat viele Freunde.	. . . .
Hat so gut wie keine Helfer.	Hat viele Helfer.	. . . .
Wird hintergangen, betrogen, ausgenützt.	Wird nicht hintergangen, betrogen, ausgenützt.	. . . .
Ist innerhalb der Fachwelt bekannt.	Ist innerhalb und außer-halb der Fachwelt bekannt.	. . . .

* Er überzeugt den amerikanischen Präsidenten John F. Kennedy von der Durchführbar-keit einer Landung auf dem Mond, hält eine den Senat begeisternde Rede über die po-litische Notwendigkeit, dass die USA den ersten Menschen auf den Mond bringen. Er erreicht die Bereitstellung von Milliarden US-Dollar, die für die Realisierung seines Mondlandungsplans (Apollo-Programm) erforderlich sind.

Vielleicht ist es mir gelungen, Sie mit dieser Gegenüberstellung zu veranlassen, über Ihre eigene Situation nachzudenken. Es sollte auch deutlich geworden sein, was geschieht, wenn bestimmte Fähigkeiten fehlen.

Selbst die ganz außergewöhnlichen Fähigkeiten des Hermann Oberth genügen noch nicht, wenn Durchsetzen der eigenen Ideen und womöglich öffentliche Anerkennung gefragt sind. Hinzu kommen müssen die Fähigkeiten, zu überzeugen und zu verkaufen. Außerdem: Wir brauchen Freunde, Helfer, wenn möglich Gönner (heute Sponsoren, Risikokapital) und möglichst auch ein Vorbild und einen Mentor. Das alles sind – je nach Gegebenheit – Voraussetzungen für großen Erfolg.

Auch das mag nachdenklich stimmen: Hermann Oberth war niemals ernsthaft krank. In seinem 96. Lebensjahr, in der Nacht vom 28. bis 29. Dezember 1989, starb er auf seinem Zimmer in den städtischen Kliniken von Nürnberg; er war zwei Tage zuvor wegen einer „kleinen Grippe" eingeliefert worden.

3. Ziele setzen – dem Zufall voraus sein

Das „Große Schicksal" setzt uns Grenzen, das durch uns beeinflussbare „Kleine Schicksal" nicht; es kennt kein „Unmöglich".

Sie wollen eine große, einflussreiche Persönlichkeit werden, besitzen aber weder ein Vermögen noch tragen Sie einen großen Namen? Bitte sehr: Dutzende Menschen in derselben Situation haben es Ihnen vorgemacht, und zwar auf allen Gebieten menschlicher Aktivitäten. Was Sie brauchen, ist ein Ziel, ein großes Ziel!

Erfolgs-Tipp:

Wenn Sie Ihr Ziel – was immer dieses Ziel auch ist – wirklich erreichen wollen, dann werden Sie es entweder tatsächlich erreichen oder zumindest in die Nähe Ihres Ziels kommen.

Mögliche Lebenziele wären beispielsweise:

Ich will Bundeskanzler werden.

Ich will Inhaber eines Gewinn bringenden Unternehmens werden.

Ich will Millionär werden.

Ich will Nobelpreisträger werden.

Ich will als erster Mensch den Planeten Mars erreichen.

Ich will die Berliner Philharmoniker dirigieren.

Ich will weltbester Tennisspieler werden.

Ich will

. . . .

. . . .

. . . .

Den allermeisten Menschen sind weder die fünf großen Lebensziele bewusst, noch die das persönliche Schicksal betreffenden, von denen hier die Rede ist. Diese Massenmenschen leben in den Tag hinein, kennen allenfalls unbedeutende, kurzfristige Ziele wie „Im nächsten Frühjahr wollen wir Urlaub auf Mallorca machen", oder gar nur Erwartungen: „In zwei Jahren bin ich im vorzeitigen Ruhestand!" Sie überlassen den Ablauf ihres Lebens den aus der Umwelt kommenden Zufällen.

Wichtig: Erfolgreiche Persönlichkeiten wissen, was sie wollen und wie sie eigene und fremde Ressourcen nutzbringend einsetzen. Sie überlassen nichts dem Zufall!

Herauszufinden, „Was will ich wirklich?", ist manchmal schwierig. Gerade intellektuelle Vielwisser können oft nicht entscheiden, worauf sie sich konzentrieren sollen, um Erfolg zu haben. Sie verzetteln sich in einer Vielzahl von Neigungen und Möglichkeiten und bringen es letzten Endes nur zu einem unbefriedigenden Mittelmaß.

4. Werden Sie aktiv!

Wenn die Frage „Was will ich wirklich?" ansteht, also jedes Mal, wenn Sie sich ein neues Ziel setzen wollen, gliedern Sie die Frage, wie in der folgenden Checkliste gezeigt, auf:

Meine tatsächlichen Interessen	Ja	Nein
■ Interessiert mich das?	☐	☐
■ Macht mir das Freude?	☐	☐
■ Werde ich das können?	☐	☐
■ Wird das gebraucht?	☐	☐
■ Nutzt es anderen?	☐	☐
■ Nutzt es mir?	☐	☐
■ Wird es gut bezahlt?*	☐	☐

* Mit „bezahlt" meine ich nicht nur Geld. Je nach Art des Ziels kann anstatt Geld auch Erfolg stehen, oder Anerkennung, Lebenserfüllung.

Münden diese Fragen in eine Antwort, haben Sie ein mögliches und aussichtsreiches Ziel gefunden.

Sie sehen: „Das will ich wirklich!" ist für alle Bereiche des Lebens wichtig, nicht nur für die Entscheidung, was will ich beruflich erreichen. Aber im Gegensatz zum Mittelalter, als Zünfte Menschen zwangen, einen bestimmten Beruf auszuüben, und zwar lebenslang, ist heute der Wechsel von einer in eine andere Firma oder sogar in einen anderen Beruf gang und gäbe. Damit steht öfter einmal eine Entscheidung von großer Tragweite an.

Hinterfragen Sie Ihre Absicht dann gründlich, wie beschrieben, damit Sie Fehlentscheidungen mit den daraus resultierenden, oft gravierenden Folgen tunlichst vermeiden.

Das vierte Geheimnis der Erfolgreichen – Möglichkeits-Denker

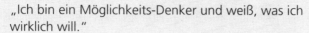

„Ich bin ein Möglichkeits-Denker und weiß, was ich wirklich will."

Das fünfte Geheimnis der Erfolgreichen – Zielsetzung

„Ich verfolge ein großes, schönes Ziel."

Ihre persönlichen Erkenntnisse

■ Meine drei wichtigsten neuen Erkenntnisse sind:

. . . .

. . . .

. . . .

■ Folgende Erkenntnisse sind mir aufs Neue bewusst geworden:

. . . .

. . . .

. . . .

■ Das werde ich in den kommenden Wochen bewusst anwenden:

. . . .

. . . .

. . . .

Mindmap: Großes und kleines Schicksal

GROSSES

S	Eltern, Genom
C	Geburtsdatum / -ort
H	wbl. / ml.
I	gesund / behindert
C	biol. Lebenszeit
K	Unverschuldet
S	- Unfall, Krankheit
A	- Verbrechen
L	- Katastrophe

KLEINES

S	Erfolgs-Charakter
C	Persönlichkeit
H	Ziele, Mut
I	Erfolge, Höhepunkte
C	Sympathisch, Vorbild
K	Glaube, Hoffnung
S	Optimist, Möglichkeitsdenker
A	Selbstbewusstsein
L	Wissen, was man will

Planung zum Erfolg

4

1. Gezielt auf Erfolgskurs

Das Erste der 14 Grundgesetze der Lebensgestaltung, die Nikolaus B. Enkelmann formulierte, beginnt mit dem Satz: „Nur der Mensch hat die Kraft, bewusst zu denken, zu planen und zu gestalten."

Dazu ein Wunschtraum von Großmann:

„Das Erste, was allen Kindern in der Schule beigebracht werden müsste, wäre das planmäßige Handeln", und später: „Der unmethodisch arbeitende Murkser kann sich ja nicht selbst ernst nehmen, denn er weiß nie, ob er einen Vorsatz oder eine Zusage einhalten wird oder nicht."

Erfolgs-Tipp:

- Erfolgreiche Menschen nützen die Zeit zur planmäßigen Vorbereitung ihrer Erfolge.

- Versager verplempern ihre Zeit planlos mit unnützen Nichtigkeiten.

Warum Planung so wichtig ist!

Warum sollten zielorientierte Menschen – also auch Sie – ihre Aktivitäten planen? Alles, was Sie morgen verrichten wollen, im Kopf zu haben, funktioniert nicht. Einiges werden Sie vergessen; die Unterscheidung, was ist wichtig, was unwichtig, geht verloren.

Außerdem werden Sie nicht nur durch andere, sondern vor allem durch sich selbst von Ihrer Absicht abgelenkt, das richtige in wirksames Handeln umzusetzen.

38

Bedenken Sie auch das: Jede Beschäftigung kostet Zeit. Irgendwann müssen Sie einmal eine Pause einlegen, irgendwann müssen Sie zu Bett gehen, schlafen. Arbeiten können Sie nur, solange Sie wach sind.

2. A-, B- und C-Tätigkeiten

Vielleicht kennen Sie die Unterteilung Ihrer Aufgaben in A-, -B- und C-Tätigkeiten.

Hierarchie der Prioritäten

A = wichtig und dringlich

Nicht durchgeführtes A bedeutet Verlust oder Verzicht.

B = wichtig, aber nicht dringlich, oder dringlich, aber nicht wichtig

Nicht durchgeführtes B bedeutet: Kann später nachgeholt werden oder kein gravierender Verlust, wenn nicht durchgeführt.

C = Nicht dringlich, nicht wichtig

Ausführung kann ohne nachteilige Folgen unterbleiben.

Allerdings kann ein nicht beachtetes C auch einmal zum B oder sogar A werden, aber das merkt man bald!

Der Erfolgreiche und der Versager – ein Vergleich

Nehmen wir an, es gelänge, zwei Menschen, der eine erfolgreich, der andere ein Versager, 14 Tage lang zu begleiten und minutiös zu registrieren, womit die beiden von früh bis spät beschäftigt sind. Wie würde das Ergebnis aussehen?

Tagesplanung	
Der Erfolgreiche	**Der Versager**
■ Hat große, schöne Ziele.	■ Hat keine großen Ziele.
■ Geht planmäßig vor, um diese Ziele zu erreichen.	■ Kennt keine Planung. Plant nicht.
■ Kennt A-, B- und C-Aktivitäten.	■ Unterscheidet nicht zwischen A-, B- und C-Aktivitäten.
■ Arbeitet täglich mindestens an einem A.	■ Führt nur gelegentlich und dann nur zufällig ein A aus.
■ Ist bemüht, möglichst viele A- und B-Tätigkeiten auszuführen.	■ Ist vorwiegend mit C-Tätigkeiten befasst.
■ Arbeitet mit Wie-Plänen.	■ Notiert keine Wie-Pläne.

3. Tägliche Zeitverwendung

Legen Sie sich eine C-Schublade an. Wenn die voll ist, legen Sie eine zweite an oder – werfen Sie die den Erfolg verhindernden C-Papiere doch gleich in den dafür erfundenen Papierkorb.

Sie können nur so viel Treibstoff tanken, wie der Tank fasst. Sie können nur so viel Zeit verbrauchen, wie Sie Zeit haben. Nehmen wir an, für Sie gilt die 40-Stunden-Woche, das sind täglich von Montag bis Freitag acht Stunden.

Notieren Sie, wie viel Zeit Sie täglich aufwenden für Ihre

- ■ A-Tätigkeiten . . . .
- ■ B-Tätigkeiten . . . .
- ■ C-Tätigkeiten . . . .

KURS WECHSELN

Neue Bücher
für Berufserfolg
und Lebensqualität

METROPOLITAN

**Die „Arbeitsfalle" – und wie man
sein Leben zurückgewinnt**
Bärbel Kerber
240 Seiten, Hardcover
mit Schutzumschlag
ISBN 3-89623-305-X
19,95 EUR [D]; 33,70 SFr

„Weil wir nicht leben, um zu arbeiten!

Lohnt sich für alle, die sich in dieser Situation wieder-
finden." *Psychologie heute*

Wer sich dauerhaft fremd- und selbstverursachtem
Stress aussetzt, arbeitet nicht nur unproduktiv und
fehlerhaft, sondern riskiert auch massive gesundheitliche
Probleme. Wir vernachlässigen Partner und Familie,
soziale Kontakte und kulturelle Interessen – unsere
Persönlichkeit verkümmert.

Lassen Sie es nicht so weit kommen: Das Buch zeigt,
wie Sie Ihre persönlichen Bedürfnisse neu entdecken
und Strategien gegen die Selbstausbeutung entwickeln.

Nehmen Sie sich die Zeit, Ihre Prioritäten neu zu
überdenken – jetzt!

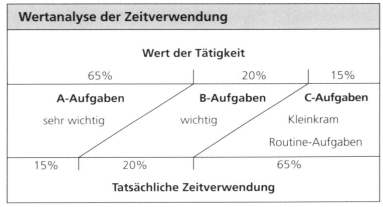

Wertanalyse der Zeitverwendung

Wert der Tätigkeit		
65%	20%	15%
A-Aufgaben	**B-Aufgaben**	**C-Aufgaben**
sehr wichtig	wichtig	Kleinkram
		Routine-Aufgaben
15%	20%	65%
Tatsächliche Zeitverwendung		

Quelle: Seiwert, Lothar: Das 1 x 1 des Zeitmanagement, GABAL

Achtung: Wenn Sie wirklich entschlossen sind, Ihr Zeitproblem in den Griff zu bekommen,

- um die Chance zu nützen, sehr erfolgreich zu werden,

- damit Sie nicht negativ gestresst, sondern mit Freude arbeiten,

- und genügend Zeit für Ihr privates Leben übrig bleibt,

müssen Sie einmal 14 Tage lang jede Ihrer Tätigkeiten mit Angabe in Minuten notieren. Erst dann werden Sie wissen, wo Ihre Zeit geblieben ist. Das Ergebnis wird Sie vielleicht schockieren, weil Sie erkennen:

- Der größte Teil Ihrer Zeit ist mit C-Tätigkeiten „draufgegangen".

- Viele dieser C's haben Ihnen andere Menschen aufgenötigt.

- Diese C's haben Sie Ihren Zielen keinen Schritt näher gebracht!

4. Der Realistische Tagesplan

Eine Schwierigkeit gilt es allerdings zu überwinden: Die Definition von A, B und C. Unterschätzen Sie nicht Ihren Zeitbearf! A's müssen durchgeführt werden, da sie nicht nur wichtig, sondern auch dringlich sind, sie können nicht auf morgen oder übermorgen verlegt werden. Daher keine Termine vereinbaren oder Zusagen geben, die später aus Zeitmangel nicht eingehalten werden können! Prüfen Sie kritisch, was realistisch ist, und ändern Sie, wenn nötig, ein ursprünglich vergebenes A in B.

Wichtig: Sagen Sie nichts zu, was Sie nicht halten können. Wenn Sie versprechen, zu einer bestimmten Zeit mit jemandem zu telefonieren, dann müssen Sie Ihr Versprechen halten. Tun Sie's nicht, sei es aus Zeitmangel oder weil Sie Ihre Zusage vergessen haben, steht Ärger ins Haus. Eine Entschuldigung dafür gibt es nicht! Sie können notfalls von jedem Ort aus mit dem Handy anrufen, um zumindest einen Zwischenbericht zu geben. Gegen Vergessen hilft zuverlässig die Notiz im realistischen Tagesplan, in dem das zugesagte Gespräch vermerkt ist. Ist es aus irgendwelchen zwingenden Gründen tatsächlich nicht möglich, selbst anzurufen, kann man wohl immer den Anruf delegieren und mitteilen lassen, warum der Anruf zum zugesagten Termin nicht stattfinden kann.

Auf diese Situation gehe ich deswegen so ausführlich ein, weil nicht eingehaltene Zusagen, sich telefonisch zu melden, ständigen Ärger verursachen und an sich gute Kontakte nachhaltig belasten können.

Langfristiges nicht wegschieben!

Es gibt A-Arbeiten, die einen Zeitbedarf von Tagen, Wochen, sogar Monaten haben. Hier ist die Versuchung groß, erst alle C's und womöglich auch das eine oder andere B vom Tisch zu bringen, um dann den Rücken freizuhaben für das umfangreiche A. So zu handeln wäre ein großer Fehler!

> **Erfolgs-Tipp:**
>
> Priorität hat immer das A. Packen Sie zu Beginn das A an, arbeiten Sie daran, so lange die Konzentration dafür ausreicht, dann erst ist der übrige Kleinkram fällig.

Ob Mann, ob Frau, Sie brauchen jemanden, der Ihnen ganz genau und schriftlich Ihre Arbeits- und Verhaltensweise vorgibt. Für viele Menschen besorgen das andere. Dafür gibt es Planungsbüros, Fertigungssteuerung, Bauleitungen, Fließbänder oder beispielsweise die bis ins letzte Detail vorgegebenen Anweisungen für Start, Flug und Landung der Verkehrsflugzeuge.

Für Sie gibt es das leider nicht. Sie müssen Ihren Realistischen Tagesplan selbst täglich und selbstverständlich schriftlich festlegen – am besten abends. Am Abend überprüfen Sie, was abgehakt werden kann und was nicht. Dabei werden Sie feststellen, dass einige C- oder sogar B-Arbeiten, die Sie sich vorgenommen hatten, unerledigt geblieben sind. Aber die A's – oder auch nur das eine geplante A – haben Sie geschafft. Dieses Ergebnis, so wage ich vorauszusagen, wird Sie nicht nur beruhigen, es wird Sie mit Genugtuung und Freude erfüllen!

Stellen Sie dann den neuen Plan für die Vorbereitung Ihrer Erfolge am kommenden Tag auf. Es passiert Ihnen nie wieder, dass Sie als gewissenhafter und fleißiger Mensch die C's erledigen und für die allein Erfolg bringenden A's keine Zeit mehr bleibt. Am nächsten Morgen brauchen Sie nicht darüber zu grübeln, was als Erstes getan werden muss. Alles steht auf Ihrem Tagesplan-Zettel. Beginnen Sie – ohne Hektik, ohne negativen Stress – einen schönen, erfolgreichen neuen Lebenstag.

5. Auf die A-Tätigkeiten konzentrieren

Der Realistische Tagesplan enthält fünf A-Zeitblocks, die durch niemanden und durch nichts gestört werden dürfen. Was immer unvorhersehbar, damit unplanbar, aber gleichzeitig auch unabweisbar auf Sie zukommt, wickeln Sie in den Zeitblocks ab, in denen Sie B- und C-Tätigkeiten geplant haben. Diese B- und vor allem C-Tätigkeiten können Sie an diesem Tag dann eben nicht ausführen.

Realistischer Tagesplan	
	A-Tätigkeit
8.00	Postkorb
	B- und C-Tätigkeiten
	A-Tätigkeit
	z. B. vereinbartes Verkaufsgespräch
	B- und C-Tätigkeiten
	A-Tätigkeit
12.00	Mittagspause
	B- und C-Tätigkeiten
	A-Tätigkeit
	z. B. Verkaufsvorführung
	B- und C-Tätigkeiten
	A-Tätigkeit
17.00	Realistischer Tagesplan

Noch einmal Gustav Großmann: „Rationell arbeiten kann nur, wer es gelernt hat." Lernen Sie, Aufforderungen, etwas zwischendurch „sofort" zu erledigen, höflich, aber bestimmt zu begegnen mit einem „Bis wann spätestens?". Gestatten Sie niemandem, Sie ohne zwingenden Grund in einer A-Tätigkeit zu unterbrechen.

Erfolgstätigkeiten zuerst!

Wenn Sie erfolgreich, gar sehr erfolgreich sind, wird Sie kein Mensch fragen, warum Sie jene B's und all die C's nicht ausgeführt haben.

Wenn Sie einige B's, viele C's, aber kaum ein A erledigt haben, infolgedessen nur wenig Erfolg vorweisen können, wird Sie niemand wegen der ausgeführten B's und C's loben. Man wird Sie nicht besonders hoch einschätzen. Kaum jemand wird Sie respektieren oder für Ihre Schwierigkeiten Verständnis zeigen. Umso häufiger werden Sie so etwas zu hören bekommen wie:

„Was haben Sie sich eigentlich dabei gedacht?!"

Und noch schlimmer: Sie selbst werden nicht glücklich sein, und Ihre Familie auch nicht.

Erfolgs-Tipp:

Konzentrieren Sie sich auf Ihre A's! Nur durch sie können Sie Erfolge vorweisen.

6. Der Wie-Plan

Teilnehmer berichten bei der Vorstellung zu Beginn eines Seminars gelegentlich auch etwas Persönliches aus ihrem Leben. „Damals", in der Zeit vor der jetzigen beruflichen Tätigkeit, „konnte ich das noch. Heute habe ich dafür keine Zeit mehr." Das ist die oft vorwurfsvoll geäußerte Klage. Gemeint ist früher aktiv ausgeübter Sport wie Schwimmen, Tennis oder Jogging. Dafür ist – angeblich – keine Zeit mehr. Aber auch die Familie leidet unter dem Zeitmangel. „Der Beruf", höre ich, „frisst mich auf." Sogar die Zeit für dringend benötigte eigene Fortbildung fehlt nahezu vollends.

„Wer Zeit hat, macht sich verdächtig." Dieser Überschrift folgte ein langer, treffender Artikel von Konrad Adam (F.A.Z. Nr. 76 vom 1. April 1989). Darin heißt es: „Keine Zeit zu haben ist zum Status-Symbol geworden: Wer keine Zeit mehr hat für Hobbies, seinen Sport, die Familie, für angemessene Ruhe und Entspannung, ja selbst für seine Leidenschaften, der will dafür keine Zeit haben!" Auch Nikolaus E. Enkelmann warnt vor Überlastung: „Fleiß allein kann auch zum Herzinfarkt führen."

Gezielt vorgehen

Schreiben Sie im Wie-Plan Schritt für Schritt alles auf, was Sie zum Erreichen Ihres großen Unterfangens im Rahmen der fünf Lebensziele unternehmen müssen. Fragen Sie:

- Was motiviert mich, was versetzt mich in Hochstimmung? (Das dürfen Sie auf gar keinen Fall „aus Zeitmangel" aufgeben.)

- Was entspannt mich, was gibt mir Kraft?

- Was macht mir einfach Spaß?

- Wie habe ich mich früher verhalten, um fit zu bleiben?

- Was würde ich (endlich) wieder einmal anpacken?

- Warum habe ich es in letzter Zeit nicht mehr getan?

- Wie muss ich mich verhalten, um dafür Zeit zu gewinnen?

- Wo werde ich damit in sieben Jahren stehen?

Was muss geschehen?

- Legen Sie ein – für Sie kostbares – Glückstagebuch an. Darin notieren Sie alle Ihre Erfolge und glücklichen Erlebnisse. Sollten Sie einmal in ein Tief geraten, genügt ein Blick in Ihr Glückstagebuch, um wieder ein selbstbewusster, fröhlicher Mensch zu werden.

- Übernehmen Sie in Ihren Lebensziele-Ordner die Lebensplanung im Sieben-Jahre-Rhythmus. Sieben Jahre ist das Intervall, in dem alle Körperzellen mit Ausnahme der Nervenzellen mindestens einmal erneuert werden.

7. Lebensplanung im Sieben-Jahre-Rhythmus

Überlegen Sie, was in Bezug auf die fünf Lebensziele in sieben Jahren erreicht sein wird. Befragen Sie dazu Ihre Fantasie.

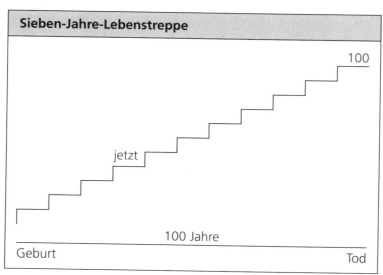

Notieren Sie auf der untersten Stufe der Sieben-Jahre-Lebenstreppe Ihr jetziges Lebensalter.

Fügen Sie Stufe für Stufe nach oben fortgesetzt jeweils sieben Jahre hinzu, bis Sie etwa die Zahl 100 erreicht haben.

8. Werden Sie aktiv!

Notieren Sie in Ihrem Lebensziele-Ordner Ihre Antworten auf diese, die fünf Lebensziele betreffenden Fragen:

1. Positive Lebensführung

- Was ist positiv an meiner Arbeit?
- Welchen Nutzen biete ich den Menschen meiner Umgebung?
- Sage ich danke, wenn dafür Anlass besteht, lobe ich, wenn Lob verdient ist?
- Welchen Ruf genieße ich heute?
- Welchen Namen werde ich mir in sieben Jahren gemacht haben?

2. Gesundheit

- Wie gesund bin ich jetzt?
- Was tue ich jetzt schon für meine Gesundheit?
- Was muss ich ab sofort durchführen/unterlassen, wenn ich gesund bleiben will?
- Wie gesund will ich in sieben Jahren noch sein?

www.metropolitan.de

3. Kontakte

- Wer sind die Menschen, die mir helfen, mich weiterbringen?
- Wer behindert mich?
- Mit wem möchte ich noch Kontakt bekommen?
- Zu welchem (Personen-)Kreis möchte ich in sieben Jahren gehören?

4. Kultur

- Nehme ich mir genügend Zeit für Schachspielen, Lesen, Malen, Musizieren …?
- Wann war ich zuletzt im Museum, Theater, Konzert …?

5. Konto

- Wie hoch ist mein jetziges Jahreseinkommen?
- Wie hoch müsste es sein, damit Wünsche wie Familiengründung, Immobilien-Erwerb, Geschäftsgründung und dergleichen realisiert werden können?
- Welche Möglichkeiten bestehen, das Jahreseinkommen zu verbessern?
- Welche Voraussetzungen sind dafür erforderlich?

Diese fünf Fragen-Komplexe sollten Sie einmal jährlich beantworten und mit Ihrem Partner besprechen.

Eine Anekdote

Zwei alt gewordene Freunde stehen auf einem Gipfel, von dem aus sie ihr ganzes Leben überschauen.

Der eine bekennt mit bedrückter Stimme:

„Wenn ich noch einmal zu leben hätte, würde ich alles ganz anders machen."

Der andere ruft strahlend aus:

„Wenn ich noch einmal zu leben hätte, genau so würde ich es wieder machen!"

Der Unterschied zwischen beiden: Der eine hat seine Zeit vertan, der andere hat seine Zeit genutzt.

Das sechste Geheimnis der Erfolgreichen – Zeitmanagement

„Ich gehe mit meiner Zeit sinnvoll um."

Ihre persönlichen Erkenntnisse

■ Meine drei wichtigsten neuen Erkenntnisse sind:

. . . .

. . . .

. . . .

■ Folgende Erkenntnisse sind mir aufs Neue bewusst geworden:

. . . .

. . . .

. . . .

■ Das werde ich in den kommenden Wochen bewusst anwenden:

. . . .

. . . .

. . . .

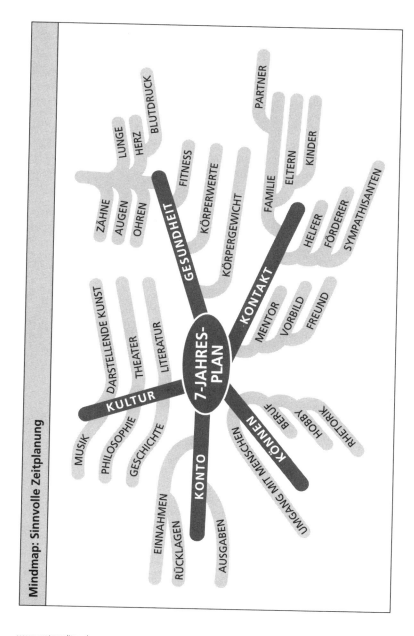

Unentbehrlich: Der Mensch

5

Man ist nur eigentlich lebendig,
wenn man sich des Wohlwollens andrer freut.

Johann Wolfgang von Goethe

1. Nichts geht ohne Mitmenschen

Gibt es irgendeinen Ihrer Erfolge, den Sie allein zu Stande gebracht haben, also ohne Mitwirkung anderer? An Ihrer Zeugung waren zwei Menschen beteiligt; am gedeckten Frühstückstisch Hunderte. Jeder im Fernsehen vorgestellte, frisch gekürte Nobelpreisträger hat auf Mitarbeiter und Freunde hingewiesen und ihnen gedankt – weil sie an seinem Erfolg beteiligt waren! Denn: Nichts geht ohne Mitmenschen.

Gegenwärtig leben auf der Welt mehr als 6 000 000 000 Menschen. Von diesen sechs Milliarden haben Sie vermutlich mit weniger als 0,00005 % = 300 Menschen Kontakt. Bezweifeln Sie das? Dann setzen Sie doch gleich einmal Ihre Zahlen ein für

- Partner   ...... Personen

- Familie   ...... Personen

- Freunde   ...... Personen

- Bekannte   ...... Personen

- Nachbarn   ...... Personen

- Vorgesetzte   ...... Personen

- Kollegen   ...... Personen

- Dienstleister ...... Personen
  (Von Müllabfuhr bis Hausarzt)

- Sonstige   ...... Personen

Zusammenleben in Harmonie?

Selbst wenn Sie alle Berufskollegen oder, falls Sie selbst einen großen Kundenkreis haben, auch diesen mitzählen – es werden nicht mehr als maximal etwa 0,00010 Prozent = 600 Menschen Ihrer Umgebung sein.

Sollte es nicht möglich sein, zu all diesen angenehme, positive Beziehungen zu unterhalten? Das wäre jedenfalls sehr nützlich, denn auf viele dieser Menschen sind Sie ja angewiesen. Nun, Sie wissen, das ist offensichtlich nicht möglich.

Warum ist das so? Warum gibt es Gleichgültige, die überhaupt kein Interesse an Ihnen haben, warum gibt es Neider, Feinde, hinterhältige und bösartige Mitmenschen? Die Ursache für diese bedauerliche Situation liegt auf der Hand: Viele können mit Menschen, meist auch mit sich selbst, nicht gut umgehen. Solche Personen werden gemieden, weil sie oft

- üble Nachrede führen,

- negative und verletzende Kritik üben,

- nörgeln und mies machen,

- schlechte Laune verbreiten,

- statt tolerant rechthaberisch wirken,

- wenig oder keinen Humor haben.

Das sind typische „Unmöglich" und „Nein" sagende Pessimisten, unsympathisch wirkende Zeitgenossen.

Solches Verhalten hinterlässt keinen guten Eindruck, es wirkt abstoßend. Diese Menschen sind ihr eigener Misserfolg. Kaum jemand hilft ihnen.

2. Der erste Eindruck

Der erste Eindruck, den ein Mensch von uns wahrnimmt – oder wir von ihm – ist fast nie einmalig. Im Gegenteil! Meist findet diese Momentaufnahme vom Gegenüber häufig statt, oft sogar mehrmals am selben Tag. Dabei kann sie sehr unterschiedlich ausfallen, je nachdem, was diesem Menschen gerade widerfahren ist. Einer meiner Seminarteilnehmer wurde ans Telefon gerufen, was eigentlich während der Arbeitszeit nicht statthaft war. Er kam nach dem Telefongespräch als „ein anderer" wieder, nämlich als Vater seines ersten Kindes, dessen Geburt man ihm gerade mitgeteilt hatte. Der erste Eindruck betrifft eben nicht nur Körperhygiene und Kleidung.

Fest steht natürlich: Niemand mag Mundgeruch, Knoblauch-Atem und Bierfahne, ungepflegte Fingernägel oder vernachlässigte Frisur. Das meiste, was wir vom anderen wahrnehmen, ist nun einmal Textil. Also muss die Kleidung einwandfrei sein und den Umständen entsprechen. Das alles ist selbstverständlich und wird von erfolgsgewohnten Menschen auch beachtet.

Stiefkind Gestik und Mimik

Körperhaltung und Gesichtsausdruck werden dagegen oft vernachlässigt, die Wirkung auf unsere Mitmenschen wird unterschätzt.

Wie kommt mein Gegenüber, wie komme ich daher? Unsicher, den Blick auf den Boden gerichtet?

Zögerlich, zaghaft, ängstlich? Oder wie es von Cäsar heißt: „Er kam, sah und siegte?"

Der Gesichtsausdruck

Die Mimik in Ihrem Gesicht ist wichtig. Wirken Sie müde, abgespannt, gelangweilt? Oder hellwach, freundlich, gewinnend? Können Ihre Augen noch strahlen?

Erfolgs-Tipp:

- Nikolaus B. Enkelmann empfiehlt, im Badezimmer ein Stück Papier oder Karton anzubringen, in dessen Mitte eine etwa centgroße Scheibe in Ihrer Lieblingsfarbe aufgemalt ist. Diese solle man bei der Morgentoilette mit freundlichem Gesicht betrachten.

- Vera Birkenbihl schlägt vor, 60 Sekunden lang einmal täglich ganz bewusst die Mundwinkel nach oben zu ziehen und so mit freundlichem Gesicht in den Spiegel zu schauen.

Sie brauchen diese Tricks nicht, schauen ohnehin immer freundlich drein? Dann sehen Sie mal in den Innenspiegel, wenn Sie mit dem Auto schon zwei Stunden und länger unterwegs waren und dann im Stau festsitzen. Haben Sie dann immer noch einen gewinnenden, sympathischen Gesichtsausdruck?

Seelische Körperverletzung

Unter den Menschen, mit denen meine Frau und ich Umgang pflegen, gibt es einige wenige, die so gut wie immer den Eindruck machen, unbeschwert, guter Stimmung, ja fröhlich zu sein. Dabei müssen auch sie, wie wir wissen, mit Schwierigkeiten zurechtkommen. Es gibt aber auch andere, die bekannt sind für ständiges Nörgeln und schlechte Laune. Schlechte Laune zu zeigen ist in meinen Augen seelische Körperverletzung. Mit wem von diesen so unterschiedlichen Menschen sind wir wohl lieber zusammen?

Es ist wahr, Sie können einen abweisenden Eindruck machen und doch sehr erfolgreich sein. Das galt beispielsweise für den weltberühmten italienischen Konzertpianisten Arturo Benedetti Michelangeli, der sein zahlendes Konzertpublikum aus vollem Herzen zu verachten schien. Aber so lange Sie nicht so berühmt sind, brauchen Sie die Zuneigung Ihrer Mitmenschen, es sei denn, Sie sind mehr an Schwierigkeiten als an Erfolgen interessiert.

Die Menschen in Ihrer Umgebung beurteilen Sie nach dem Eindruck, den sie von Ihnen gewinnen, und der entsteht nicht aus dem, was Sie an inneren Werten vorweisen können, sondern aus dem, was an Äußerlichkeiten von Ihnen wahrgenommen wird. Das sind gewöhnlich zu mehr als 90 Prozent Textil, aber eben auch die Augen und Zähne, Frisur und Fingernägel und ein bisschen Haut.

Erfolgs-Tipp:

Der äußere Eindruck ist – wie könnte es anders sein – meist falsch. Dennoch: Obgleich unzutreffend und schon nach Sekunden erfasst, bleibt er unkorrigiert haften, unter Umständen jahrelang.

3. Erfolgsmagnet „Sympathie"

Sympathie, das ist Zuneigung, Wohlwollen, seelisch-geistige Übereinstimmung, das Gefühl des Sichhingezogenfühlens zu jemandem, Mitgefühl. Wollen, suchen Sie das?

Beispiel:

Eine Seminarteilnehmerin – sie war nach Abschluss des Studiums arbeitslos gebliebene Anwärterin auf eine Lehrstelle – wirkte auf mich unsympathisch.

„Glauben Sie, dass man lernen kann, sympathisch zu sein?", fragte ich sie. „Natürlich nicht", kam vehement die Antwort. „Sympathisch ist man, oder man ist es nicht!"

Nach dem Seminar hat sie sich über mich beschwert – ein einmaliger Fall, der mir eine Abmahnung einbrachte.

Das A B C der Sympathie

A *Den eigenen Namen nennen, den Namen des anderen kennen*

Mit „Hallo" melden sich am Telefon zwielichtige Gestalten, die ihre Identität verbergen wollen und viele, die von den Möglichkeiten, auf andere einen vorteilhaften Eindruck auszuüben, keine Ahnung haben. Den eigenen Namen so verstümmelt zu nennen, dass ihn niemand, selbst Bekannte, nicht verstehen, zeugt von Zeitgenossen, die wenig vom anderen und auch nicht viel von sich selbst halten. Das verärgert und wirkt unsympathisch sowohl am Telefon wie bei der persönlichen Begegnung.

> **Erfolgs-Tipp:**
>
> Der eigene Name ist das wichtigste Wort in Ihrem Sprachschatz! Deutlich, akzentuiert gesprochen, nennen Sie zuerst Ihren Nachnamen und, falls dem anderen bisher unbekannt, wiederholen Sie ihn mit Ihrem Vornamen.

Wenn Sie den Namen des Gegenübers eigentlich kennen müssten, er Ihnen aber im Augenblick der Begegnung nicht einfällt, dann fragen Sie sofort nach dem Namen. Warum sollte sich irgendjemand um Sie bemühen, der Sie selbst so wenig interessiert, dass Sie nicht einmal seinen Namen kennen und ihn auch nicht erfahren wollen?

Um den Namen einer Firma bekannt zu machen, werden Unsummen für Werbung ausgegeben. Täglich meldet sich an der Telefonzentrale dutzende, unter Umständen hunderte Mal eine Stimme, die diesen Firmennamen derart verstümmelt, dass er sogar Anrufern unverständlich bleibt, die mit dieser Firma zusammen arbeiten, deren Namen also kennen. Welch ein grotesker Unfug! So wird der sympathische erste Eindruck gleich zu Beginn der Kontaktaufnahme gedankenlos vertan, während gleichzeitig für seine Verbreitung Hunderttausende ausgegeben werden.

B *Die Buschtrommel trägt es weiter*

Wenn irgendetwas in Windeseile die Runde macht, dann sind das diffamierende, „streng vertraulich" geäußerte, abfällige Bemerkungen. Sie richten nicht wieder gutzumachenden Schaden an.

Nicht ganz so schnell und zuverlässig erreichen in Abwesenheit des Betroffenen ausgesprochene Lobpreisungen. Aber wenn sie bei ihm ankommen, dann bringen sie Sympathie „zuhauf" ein. Also warum nicht so?

C *Salzsäure „Kritik" – Balsam „Lob" und „Dank"*

Es gibt den Beruf des Kritikers, beispielsweise für Literatur, Theater, Musik. Solche professionelle Kritik wird anerkannt, wird sogar benötigt, ist erfolgreich. Das bezeugen die weit über den deutschsprachigen Raum bekannten Kritiker wie Marcel Reich-Ranicki oder Joachim Kaiser. Diese Profi-Kritiker kennen ihr Fach, und zwar durch und durch. Hierauf gründet sich ihr Anspruch auf ihren Beruf.

Jeder nicht professionelle Kritiker ist dagegen gut beraten, mit Kritik überaus vorsichtig umzugehen. Warum kritisieren? Warum in Anwesenheit Dritter kritisieren? Was bringt Kritik ein außer Ärger und Widerspruch?

Kritik ist in Ordnung, wenn darum gebeten wird. Aber auch dann nur, wenn sie

- sachbezogen und nicht persönlich ist,
- Positives anspricht und anerkennt,
- durchführbare Verbesserungsvorschläge nennt.

Erfolgs-Tipp:

Es gibt niemanden, der negative Kritik akzeptiert, es gibt nur ganz wenige Menschen, die positive Kritik vertragen. Deshalb Vorsicht beim Kritisieren, Sie könnten damit aus Freunden Feinde machen. Lieber, wenn angebracht, loben und danken. Wenn das nicht möglich ist: gar nichts sagen.

D *Zuhören und reden*

Zuhören, diese Erfahrung macht wohl jeder Mensch, bringt mehr Sympathie ein, als selbst zu reden. Wer viel zuhört, lernt auch viel.

Aber wenn Sie selbst reden, dann sprechen Sie möglichst nicht nur über Vergangenes, nicht über Krankheiten, deren Behandlung und die damit verbundenen Widrigkeiten, auch nicht über Dritte, die dem Gesprächspartner unbekannt sind. Wenn Sie reden, dann über Tagesthemen, Ansichten, Meinungen, über die Zukunft, über Ziele, über Erfreuliches und Erfolge.

Es ist erstaunlich, wie viel entgegengebrachte Sympathie durch negatives und uninteressantes Gerede strapaziert wird. Wenn Sie das beim Gesprächspartner schon nicht stoppen können, dann gehen Sie nicht darauf ein, nicht gewissermaßen Gleiches mit Gleichem vergelten! Falles es Ihnen nicht gelingt, das Gesprächsthema zu wechseln, bleibt hier wohl nichts anderes übrig, als die oft ebenso langweilige wie langatmige intellektuelle Durststrecke auszusitzen und zu verstummen.

E *Toleranz ja, aber wie weit?*

„Frauen sind anders – Männer auch!" Zu dieser amüsanten, aber zutreffenden Erkenntnis hier eine Ergänzung: „Junge Menschen sind anders – ältere auch!"

Kopfhaare giftgrün gefärbt oder ratzekahl abrasiert – mögen Sie, der Ältere, das bei den Jungen? Was halten Sie von Sicherheitsnadeln als Nasenflügelschmuck oder Piercing auf der Zunge? Mit Kettchen um Männerhälse, Handgelenke, sogar Knöchel haben Sie sich abgefunden? Gegen den Männer-Zopf haben Sie auch nichts mehr einzuwenden? Tolerieren Sie die gleichgeschlechtliche Ehe, Fixerstuben, Ausländer-raus-Parolen?

So viel ist klar: Modeerscheinungen als des Teufels Werk abzulehnen, lohnt sich nicht. Wir sollten uns Absurditäten gegenüber, solange sie nicht Schaden anrichten, tolerant zeigen. Ablehnung bringt nichts, wirkt sogar kontraproduktiv und stößt bei den Anhängern solcher Trends auf Unverständnis, macht uns in ihren Augen eher unsympathisch. Das aber ist, beispielsweise für Eltern/ Kinder-Beziehungen, unerwünscht und vielleicht sogar gefährlich.

Toleranz hört aber auf, wenn es um mehr als nur guten Geschmack geht. Allerdings: Mit bloßer Ablehnung intolerablen Verhaltens ist es nicht getan. Hier ist der Verkäufer in uns gefragt. Wir sind von unserem Gewissen aufgefordert, „gewissenhaft" zu handeln, klar Stellung zu beziehen, sie zu begründen, davon zu überzeugen und, hoffentlich, zu gewinnen. Dazu muss man schon „ein bisschen verkaufen können". Aber Menschen, die das im Kleinen wie im Großen fertigbringen, sind nicht nur vorbildliche, sondern darüber hinaus sympathische Persönlichkeiten.

Das siebte Geheimnis der Erfolgreichen – Sympathie

„Ich bin sympathisch und Meister im Umgang mit Menschen."

F *Zuverlässig*

Wer hätte nicht schon einmal seinen Unmut über einen nicht eingehaltenen Handwerkertermin nur mühsam überwunden; oder ärgerlich das wohl zubereitete warme Mahl für unentschuldigt verspätete Gäste zu retten versucht? Zu spät kommen ist gleichbedeutend mit unzuverlässig sein. Niemand mag das. Aber noch viel wichtiger, als einen Termin zuverlässig einzuhalten – wozu der „Realistische Tagesplan" viel beitragen kann – sind zuverlässige Beziehungen zueinander. „Ich muss mich auf dich verlassen können" ist eindeutig die wichtigste Voraussetzung für Sympathie auf Gegenseitigkeit.

Das achte Geheimnis der Erfolgreichen – Kommunikation

„Meine Sprache lässt andere aufhorchen."

4. Werden Sie aktiv!

Die folgenden Fragen betreffen wieder Ihre fünf Lebensziele:

1. Erfolgreich sein ist das Grundprinzip allen Lebens. Gibt es Beispiele?

   . . . .

2. Ärger macht krank. Worüber und warum ärgere ich mich?

   . . . .

3. Thema beim kommenden Freundestreffen:

   . . . .

4. Welches Museum (Konzert, Theater, Ausstellung, Ereignis) will ich als Nächstes besuchen?

   . . . .

5. Habe ich mein Geld richtig angelegt?

   . . . .

Hier endet Teil I. Sind Sie ein wenig neugierig auf Teil II?

Von Anfang an ging es um das Thema „Mensch". Je besser wir mit uns selbst und denen um uns herum zurechtkommen, umso besser für alle Menschen.

Vorbildlicher Umgang mit Menschen ist keine leichte Aufgabe. Nur flüchtige Lektüre dieser Aufzeichnungen wird Sie nicht viel weiter bringen. Arbeiten Sie mit dem Text. Diskutieren Sie die hier geäußerten Gedanken und Vorschläge mit Ihrem Partner. Vielleicht wollen Sie etwas in Ihrem bisherigen Verhalten noch verbessern. Verhaltensänderungen brauchen immer Zeit – und viel Geduld. Am Ende aber, vergessen wir das nicht, steht Ihr Erfolg.

Ihre persönlichen Erkenntnisse

■ Meine drei wichtigsten neuen Erkenntnisse sind:

. . . .

. . . .

. . . .

. . . .

■ Folgende Erkenntnisse sind mir aufs Neue bewusst geworden:

. . . .

. . . .

. . . .

. . . .

■ Das werde ich in den kommenden Wochen bewusst anwenden:

. . . .

. . . .

. . . .

. . . .

Mindmap: Meine Mitmenschen

FAMILIE
- PARTNER
  - VERTRAUEN
  - LIEBE
- KINDER
  - ERZIEHUNG
  - AUSBILDUNG
  - UMGANG

DIENSTLEISTER
- FREUNDLICH
- ANERKENNEND
- HÖFLICH
- NAME

SYMPATHISANTEN
- AUFMERKSAM
- ZUVORKOMMEND
- NAME

300

HILFSBEDÜRFTIGE
- GROSSZÜGIG, HELFEN
- UNEIGENNÜTZIG

BERUF
- MITARBEITER
  - KOLLEGIAL
  - OFFEN
- KUNDEN
  - ZUVERLÄSSIG
  - KOMPETENT

FREUNDE
- TOLERANT
- POSITIV
- DANKE-LOB
- HILFSBEREIT
- TREU

Durch Überzeugung gewinnen

6

1. Das vorprogrammierte „Nein"

Es geht ihnen gut. Den Urlaub verbringen sie grundsätzlich in Fünf-Sterne-Hotels, möglichst weit weg von hier. Dubai, Sizilien, die Seychellen, Zypern, da macht man Urlaub! Auf Hawaii und in Rio waren sie auch schon.

Beispiel:

„Du, im nächsten Urlaub machen wir Camping, im Wohnwagen. Ich habe schon einen ausgesucht."

„Wie bitte?"

„Also, ich habe überlegt, Wohnmobil oder Wohnwagen? Ich finde, Wohnwagen ist besser. Weißt du, da sind wir beweglicher; können leichter vom Campingplatz aus mal Restaurants besuchen und so – Ausflüge machen, die Gegend kennen lernen."

„Sag mal, hast du den Verstand verloren? Wohnwagen – also ich soll auch im Urlaub noch Betten machen, kochen, auf einem Gaskocher, was? Und ohne Geschirrspüler. Kein Badezimmer, keine Dusche, Camping-Klo! Du bist wohl verrückt geworden?! Das kommt überhaupt nicht in Frage! Ich werde dir mal etwas sagen: Im nächsten Urlaub machen wir diese Traumschiff-Reise, du weißt schon, auf dem Luxusliner; das können wir uns ja wohl noch leisten! Wir und Wohnwagen – bist du von allen guten Geistern verlassen?"

„Aber hör mal –"

„Camping-Urlaub! So etwas kann auch nur dir einfallen! Kauf dir doch gleich ein Zelt."

Das Wohnwagen-Traumreise-Gespräch mündete in einen handfesten Ehekrach. Schließlich hatten sie sich nichts mehr zu sagen, gingen frühzeitig zu Bett. Er drehte ihr den Rücken zu, sie ihm. Sie verbrachten die Nacht nebeneinander (noch) im gemeinsamen Schlafzimmer, aber gefühlsmäßig trennten die beiden schon Welten.

> **Erfolgs-Tipp:**
>
> Vorsicht ist die Mutter der Porzellankiste. Vorbereitung ist die Mutter des Erfolgs!

Essenziell: Die Vorbereitung

Wenn Sie ihrem halbwüchsigen Kind beibringen wollen, dass Disko-Besuche und Mopedfahren nicht das Gelbe vom Ei sind, dann müssen Sie mit erheblichen Widerständen Ihres Kindes rechnen.

Wenn Sie einen Lebensmittel- oder Pharmaproduzenten davon überzeugen wollen, dass es an der Zeit ist, die alte Verpackungsmaschine gegen eine neue auszuwechseln, was vielleicht drei Millionen Euro kosten wird, dann können Sie doch nicht erwarten, dass Ihr Kunde Ihnen mit einem begeisterten „Ja!" um den Hals fällt. Er wird skeptisch sein.

Verständlicher Widerstand

Ganz gleich, was Sie wem vorschlagen, stets verlangen Sie damit vom anderen, er solle seine Meinung aufgeben und Ihre akzeptieren oder zustimmen, die bisherige Ist-Situation zu ändern in eine Ihrer Meinung nach vorteilhaftere Soll-Situation. „Warum?", wird er fragen oder denken, „ich bin doch ganz zufrieden. Wenn ich etwas brauche, kann ich mich ja melden." – Er wird daher Einwände vorbringen.

2. Die Kraft der Einwände kanalisieren

1930 veröffentlichte Dale Carnegie (1888-1955) sein erstes Buch. Er gab ihm den Titel „Wie man Freunde gewinnt". Millionen Menschen in aller Welt haben es gelesen. Noch heute ist es ein Bestseller, unübertroffen und oft zitiert in den zahlreichen Büchern über Verkaufstechnik, die seitdem auf dem Büchermarkt erschienen und wieder verschwunden sind. Während Dale Carnegie von „Freunde gewinnen" schreibt, sehen etliche seiner Epigonen in Einwänden Kaufwiderstände, die man durch eigene Verkaufsargumente „ausräumen", „entkräften", „beseitigen", sogar „liquidieren" muss. Damit hat noch niemand einen einzigen Freund gewonnen!

Sinnlos: Gegen die Kräfte des anderen ankämpfen

Einwände sind Gedanken. Gedanken sind Kräfte. Haben Sie schon einmal gehört, man könne „Kraft" entkräften oder gar liquidieren? Ich halte das für unmöglich. Mit welchen verbalen Überrumpelungstricks soll es denn gelingen, den Gesprächspartner zur Aufgabe seiner Meinung zu bewegen? Warum soll man das versuchen? Damit bringt man ihn doch nur gegen sich auf; posiert selbst als Sieger, macht ihn zum Verlierer, also zum Gegner, statt zum Verbündeten!

„Anbieter" und „Käufer" sitzen immer in einem Boot. Ob Sie von den genannten Beispielen Mann/Frau, Eltern/Kinder, professioneller Verkäufer/Industriekunde das eine oder andere nehmen, stets sind die Gesprächspartner aufeinander angewiesen. Die Erfahrung zeigt: Gelingt es nicht, ein harmonisches Mann/Frau-, Eltern/Kind-Verhältnis zu erzielen, gibt es Probleme in der Ehe, Frust mit den Kindern. Gelingt es nicht, den Kunden auf eine gemeinsame Linie zu bringen, wird er nicht „Ja", sondern „Nein" sagen.

Wenn keine Einwände kommen

Einwände sind Überzeugungshilfen, Wegweiser, können sogar zu Kaufsignalen werden. Wenn Ihr Gesprächspartner – sei es Ihr Partner, Ihr Kind, Ihr Kunde, irgendjemand – keinen einzigen Einwand zu Ihrem Vorschlag vorbringt, dann

- interessieren Sie ihn mit Ihrem Vorschlag nicht im Geringsten,

- hinterfragt er nicht,

- erwartet und braucht er von Ihnen keine Informationen,

- lehnt er von Ihnen vorgebrachte Vor- oder Ratschläge ab,

- will er nicht durch Sie von irgendetwas überzeugt werden.

In diesem Fall beherrscht sein Denken nur ein Wunsch: „Sei still, verschwinde, lass mich in Ruhe – bitte!"

Wenn das eintritt, können Sie nur aufgeben, das Gespräch abbrechen, „verschwinden". Denn dann denkt Ihr Gesprächspartner:

- Das ist doch Quatsch.

- Das werde ich nie mitmachen.

- Das brauchen wir eigentlich nicht.

- Das sollten wir besser von unserem bisherigen Lieferanten beziehen.

- Das ist viel zu teuer.

Wie reagieren Sie, wenn Ihr Kunde denkt: „Das ist ein ausgezeichneter Vorschlag. Schade nur, dass Direktor Neuklug da nicht mitspielen wird; aber den zu überzeugen, das schafft niemand."

Wie verhalten Sie sich dann? Der Kunde spricht nicht mit Ihnen, er hört nur zu und denkt sich seinen Teil. Sie können nur noch versuchen, selbst Einwände gegen Ihren Vorschlag vorzubringen, um ihn zum Sprechen zu bewegen.

Häufig: Einwände sind positiv

Einwände des Gesprächspartners sind meist positiv zu werten. Bitte beantworten Sie die folgenden Fragen:

Hinweise auf positive Einwände

	Ja	Nein
■ Darf der Kunde Einwände vorbringen?	☐	☐
■ Erfahren Sie, was Ihr Partner denkt?	☐	☐
■ Will er von Ihnen überzeugt werden?	☐	☐
■ Hofft er, durch Ihre Antwort eigene Zweifel loszuwerden?	☐	☐
■ Führt sein Einwand zum Dialog und somit zum Gleichgewicht der Gesprächsführung?	☐	☐
■ Gibt Ihnen der Einwand Hinweise darauf, warum er „Ja" sagen könnte?	☐	☐
■ Gibt Ihnen der Einwand Gelegenheit, das treffende Argument zu finden?	☐	☐
■ Hofft Ihr Partner, Argumente zu bekommen, mit denen er das Angebot intern verkaufen kann?	☐	☐
■ Will er sicher sein, keinen Fehler zu begehen?	☐	☐
■ Will er mehr über Sie und Ihre Firma erfahren?	☐	☐
■ Will er nicht zu wenig, aber auch nicht zu viel Qualität kaufen?	☐	☐
■ Will er wissen, ob der Preis angemessen ist?	☐	☐
■ Will er wissen, ob Sie Ihre Zusagen halten werden und er Ihnen vertrauen kann?	☐	☐

Schwierigkeit: Negative Einwände

Es gibt auch negative Einwände. Sie werden durch eigenes Fehlverhalten verursacht, beispielsweise:

- Negativer erster Eindruck

  (siehe Seite 56 f.)

- Verspätet ankommen

  Auto-Stau und ähnliche Zwischenfälle sind kein Grund für unentschuldigtes Zuspätkommen. Schließlich gibt es Handys. Wer aber oft zu spät kommt, ist unzuverlässig. Wer unzuverlässig ist, kann nicht gleichzeitig erfolgreich sein, schon gar nicht als Verkäufer.

- Mangelhafte Vorbereitung

  Nicht gehaltene Zusagen, fehlendes oder fehlerhaftes Vorführgerät, ungenügendes Wissen und dergleichen verärgern.

- Ichbezogene Gesprächsführung

  Keinen Menschen interessieren Ausführungen zu: ich – mein – unser – wir – meine Firma.

- Mangelhaftes Gesprächsgleichgewicht

  Zu viel reden – zu wenig zuhören – der Gesprächsanteil des Anbieters darf 50 Prozent nicht übersteigen. Zu Beginn sollte er bei fast Null liegen und nur langsam auf 20 bis 30 Prozent ansteigen. Hat der Verkäufer das Gespräch mit einem Monolog begonnen, ist meist kein positiver Ausgang zu erwarten.

- Behauptungen, Rechthaberei

  Wir leben in einer Welt der Rechtsstreitigkeiten. Alle Gerichte sind überlastet. Wem gefällt das? Der Verkäufer darf nicht Recht haben wollen.

All dies kann zum vorzeitigen Abbruch des Gesprächs führen und löst negative Einwände aus wie:

- Ich habe sehr wenig Zeit.

- Können Sie sich bitte etwas kürzer fassen.

- Dafür ist Frau/Herr XY zuständig.

- Ich glaube, das ist doch nicht das, was ich mir vorgestellt habe.

- Das kenne ich schon.

- Sie können ja mal Ihr Prospektblatt dalassen.

- Schauen Sie doch gelegentlich noch mal vorbei.

- Nein danke, ich glaube, Sie brauchen sich nicht zu bemühen.

- Es ist schade um Ihre Zeit.

- Wenn ich was brauche, rufe ich an.

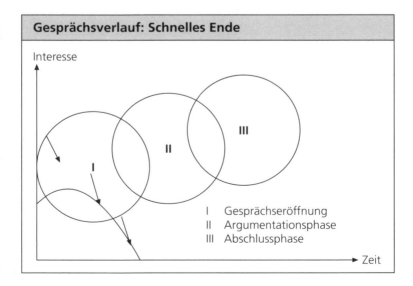

Gesprächsverlauf: Schnelles Ende

Interesse

I
II
III

I Gesprächseröffnung
II Argumentationsphase
III Abschlussphase

Zeit

3. Hilfreich: Die Einwandskartei

Wie viele Einwände gibt es? Diese Frage habe ich oft in Seminaren gestellt. Die Antworten fielen sehr unterschiedlich aus. „Sehr viele, Hunderte", andere meinten: „Na, vielleicht zehn oder zwanzig."

Es sind nur ganz wenige. Versuchen Sie am besten selbst, alle Einwände, denen Sie in der Familie oder im Beruf begegnen, zu notieren. Sie werden auf keine zwanzig kommen! Gewiss, ein- und derselbe Einwand kann auf sehr unterschiedliche Art formuliert werden. Kunden sagen:

- So viel möchte ich dafür nicht ausgeben.
- Das ist mir zu teuer.
- Wir müssen sparen.
- Aber bei Meyer bekomme ich es billiger.
- Das ist viel Geld. Das muss ich mir noch mal überlegen.
- Mit so viel habe ich eigentlich gar nicht gerechnet.
- Das ist es mir nicht wert.
- Diese Investition rechnet sich nicht.

Statt all dem hätte jeder sagen können: „Nein danke, ist mir zu teuer."

Einwände gegen Einwände

Für Sie bedeutet das: Von Ihren Kindern, Ihrem Ehepartner, Ihren Kunden, von allen Menschen in Ihrem Umfeld hören Sie immer wieder inhaltlich die gleichen Einwände. Da liegt es doch nahe, einmal eine Kartei aller Einwände anzulegen.

Notieren Sie ab sofort jeden Einwand, dem Sie begegnen, auf einer kleinen Karteikarte und vermerken auf deren Rückseite Ihre Antwort. Sehr bald haben Sie so gut wie alle Einwände beieinander. Gelegentlich mag Ihnen ein neuer Einwand begegnen. Sie notieren ihn samt Ihrer Antwort und ergänzen damit die schon bestehende Sammlung. Innerhalb kürzester Zeit sind Sie auf jeden Einwand vorbereitet, kein Gegenargument kann Sie mehr in Verlegenheit bringen.

Ihre Antworten müssen Sie selbst formulieren. Alles Fremde, Auswendiggelernte würde unglaubwürdig wirken. Lernen Sie auch Ihre eigenen Formulierungen nicht auswendig, die Situation ist jedesmal eine andere, aber verankern Sie den Kern Ihrer Aussage in Ihrem Gedächtnis. Blättern sie dazu immer wieder einmal Ihre Einwandskartei durch.

4. Keine Angst vor Gegenargumenten

Wenn Sie in dem geäußerten positiven Einwand eine Überzeugungshilfe sehen, dann spielt es für Sie keine Rolle, um was für einen Einwand es sich handelt. Sie können stets richtig reagieren:

- Absurder Einwand?

  Prima, eine gute Gelegenheit, die tatsächliche Situation zu erläutern.

- Vermutlich ein Vorwand?

  Bestens. Wir werden herausfinden, was dahinter steckt.

- Boshaft?

  Ja so was! Vielleicht hilft mir Freundlichkeit.

- Sachlich?

  Sehr gut, führt zum überzeugenden Dialog.

- Ichbezogen?

  Wir sind alle eitel.

5. Verkaufsargumente: Wie viele gibt es?

Viele, sehr viele Verkaufsargumente kann man nutzen!

Gleichermaßen gibt es sehr viele Verkäufer, die ihren Kunden so viele Verkaufsargumente an den Kopf werfen, wie nur irgend möglich. Dabei sprechen sie in Ich-Version, also von ich, wir, unsere Firma, und – um der Ungeschicktheit noch die Krone aufzusetzen – fragen sie: „Kennen Sie schon unser neues Produkt?", und fordern so mit großer Wahrscheinlichkeit ein destruktives „Nein" geradezu heraus.

6. Werden Sie aktiv!

Ob Sie nun ihrem Liebling statt der Disko-Besuche einen Tanzkursus vorschlagen, ob Sie Sportflugzeuge verkaufen oder Geldanlagen – vor jedem Gespräch muss überlegt werden:

- Welche Verkaufsargumente kommen in Frage?

  . . . .

- Welche werden voraussichtlich akzeptiert werden?

  . . . .

- Wie heißen die drei wichtigsten?

  . . . .

- Wie werde ich argumentieren?

  . . . .

So vorbereitet, können Sie dem Countdown in Ruhe entgegensehen.

Ihre persönlichen Erkenntnisse

■ Meine drei wichtigsten neuen Erkenntnisse sind:

. . . .

. . . .

. . . .

. . . .

■ Folgende Erkenntnisse sind mir aufs Neue bewusst geworden:

. . . .

. . . .

. . . .

. . . .

■ Das werde ich in den kommenden Wochen bewusst anwenden:

. . . .

. . . .

. . . .

. . . .

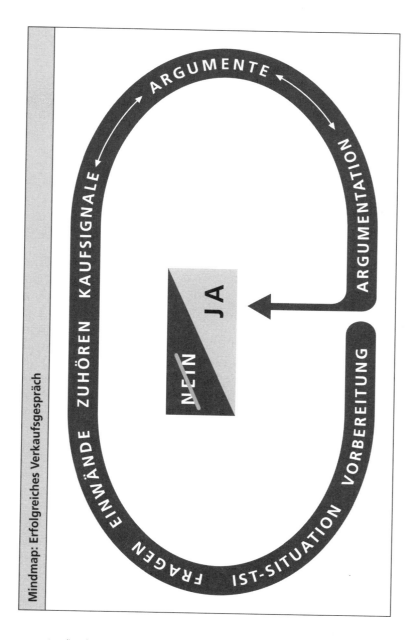

Mindmap: Erfolgreiches Verkaufsgespräch

ARGUMENTE

ARGUMENTATION

KAUFSIGNALE

ZUHÖREN

EINWÄNDE

FRAGEN

IST-SITUATION

VORBEREITUNG

NEIN

JA

Gut ankommen

7

Eine weise alte Eule lebte in einer Eiche.
Je mehr sie sah, umso weniger sprach sie,
je weniger sie aber sprach, umso mehr hörte sie.
Warum sind wir nicht alle wie diese alte Eule?

John D. Rockefeller

1. Der plötzliche Rausschmiss des Herrn Ungemach

„Frau Pauly?"

„Ja, bitte?"

„Frau Pauly, da kommt doch dieser Herr …"

„Sie meinen Herrn Ungemach, ja, der hätte eigentlich schon hier sein müssen."

„Na schön. Wenn er da ist, führen Sie ihn gleich zu mir herein und rufen Sie mich dann nach fünf Minuten an. Ja?"

„Gerne, Herr Kunz."

„Danke."

Herr Ungemach hatte Schwierigkeiten, einen Parkplatz zu finden. Deshalb kam er zwölf Minuten nach der vereinbarten Zeit. Aber diese kleine Verspätung machte er nun wett, indem er ohne weitere Umschweife direkt zur Sache kam und auf Herrn Kunz einredete.

Fünf Minuten waren vergangen. Herr Ungemach sagte gerade: „Und dann haben wir hier noch …", da läutete das Telefon. „Was?!" fragte Herr Kunz. „Da muss ich ja sofort …" Frau Pauly hatte, wie verabredet, angerufen, aber sonst nichts gesagt.

Behutsam legte Herr Kunz den Telefonhörer zurück. Mit bekümmerter Miene reichte er dem verdutzten Ungemach die Hand. Der hatte kaum Zeit, all das wieder einzupacken, was er vor Herrn

Kunz ausgebreitet hatte, denn der hatte schon die Tür zum Vorzimmer geöffnet.

Herr Ungemach hörte noch: „Es tut mir leid … ich weiß, wir waren verabredet … aber ich muss jetzt sofort … Also, dann alles Gute, und wenn Sie mal wieder in der Gegend sind …"

Ungemach wusste noch gar nicht, was eigentlich passiert war. So viel aber dämmerte ihm: Die Tür zum Chefzimmer war wieder zu. Frau Pauly telefonierte. Mit freundlichem Augenkontakt warf sie ihm vom Telefon aus ein „Tschüss!" und „Guten Tag noch!" zu. Da war er auch schon wieder auf dem Flur.

Kein Mensch weit und breit. Die Klick-Klack-Geräusche des heraufkommenden Fahrstuhls machten die Stille bedrückend. Ungemach fühlte sich von Gott und der Welt verlassen. Er war jetzt allein mit sich.

„Dass Sie mir diesen Schwätzer nicht mehr reinlassen! Ich bin für diesen Menschen nicht mehr zu sprechen, auch nicht am Telefon!" Diese beinahe wütend klingende Anweisung des Chefs an Frau Pauly bekam Ungemach nicht mehr mit.

„Muss das ausgerechnet wieder mir passieren!", dachte er. Tief drang diese Feststellung in sein Unterbewusstsein ein und blieb dort fest haften, wo schon ein „Wieder nichts!" und ein „Was-bin-ich-doch-für-ein-Pechvogel" ihren sicheren Ankerplatz gefunden hatten. Auf den Gedanken, der plötzliche Rausschmiss könnte etwas mit seinem Auftritt bei Herrn Kunz zu tun haben, kam er nicht.

2. Gut ankommen will gelernt sein

In jahrzehntelanger Seminartätigkeit habe ich den „ersten Eindruck" von Menschen erlebt und mit Video aufgezeichnet. In einer Gruppe von fünfzehn Teilnehmern hatte einer bereits einige Jahre

Verkaufserfahrung im Immobiliengeschäft. Ein anderer konnte eine abgeschlossene Ausbildung als Lehrer vorweisen, hatte sogar promoviert, aber keine Anstellung gefunden. Wieder ein anderer hatte in schneller Folge Beschäftigungen gewechselt und wollte nun sein Glück als Verkäufer von PC's versuchen. Auf die Frage, ob sie einverstanden seien, etwa vier, fünf Minuten vor der Kamera zu sprechen, stimmten alle zu. Als Stichworte hatte ich vorgegeben:

- Name

- Schul- und Ausbildungsweg

- Bisherige Tätigkeit

- Berufliches Ziel für das kommende Jahr

- Falls einverstanden, Persönliches

Es ist unglaublich, welch jammervolles Bild fast alle Teilnehmer dieser Gruppe bei diesen Vorstellungsgesprächen abgaben!

Schwimmen lernt man nur einmal, eine Stegreifrede halten auch. Wenn man's nicht gelernt hat, dann wird Reinfallen ins tiefe Wasser lebensgefährlich und gut Ankommen mit einer Stegreifrede zum Karrierekiller.

Wichtig: Kein einziger Mensch kann etwas, was er nicht gelernt hat! Wer nicht gelernt hat, gut anzukommen, kommt nicht gut an!

Beispiel:

Herr Nützlich ist bei Frau Pauly, Sekretärin von Herrn Kunz, eingetroffen. Es ist dort sein erster Besuch.

Frau Pauly öffnet die Tür zum Chefzimmer. Kunz und Nützlich gehen aufeinander zu – ein Händedruck und

„Bitte, nehmen Sie Platz."

Überlegen Sie!

Wann beginnt Herr Nützlich, Herrn Kunz zu beeinflussen?

Richtig, sofort.

Kann Herr Kunz – er sieht Herrn Nützlich zum ersten Mal – wissen, welche umfangreichen Fachkenntnisse Herr Nützlich mitbringt? Nein.

Herr Kunz ist weder Gedankenleser noch Hellseher, denkt aber schon kurz nach der Begrüßung:

„Nützlich ist ein Schwätzer, stiehlt mir die Zeit."

Oder:

„Der Mensch ist interessant, der kann uns etwas bringen. Macht einen guten Eindruck. Ich glaube, wir sollten ihn uns warm halten."

Was veranlasste ihn, so oder so zu denken?

- Wie er auf ihn zukam.

- Wie er vor ihm stand.

- Wie er auf ihn wirkte.

3. Die Brille bringt es an den Tag

„Wie man kommt gegangen, so wird man auch empfangen." Ein erfolgreicher Mensch muss aussehen wie ein erfolgreicher Mensch. Entscheidend für diese ersten Sekunden der Begegnung – und das gilt für alle Menschen bei jeder Begegnung im geschäftlichen und auch privaten Bereich – ist, welche Brille wir dem Gegenüber aufsetzen, durch die er uns sieht.

Wenn die Ehefrau sieht:

„Da kommt ein gehetzter, nervöser, missmutiger Mann nach Hause", dann ist er für sie ein gehetzter, nervöser, missmutiger Mann. Mit ihm kann man jetzt nichts besprechen.

Wenn ihm beim Nachhausekommen eine gelangweilte, gleichgültige Frau die Tür öffnet, dann ist diese Frau gelangweilt und gleichgültig. Freundliche Begrüßung? Gar liebevoller Blick, Umarmung? Nichts da. „Hat mal wieder schlechte Laune", denkt er und lässt sie stehen.

Wenn ein Verkäufer seinen Kunden mit einer „Ich-wir-unser-unsere-Firma-und-dann-haben-wir-hier-noch-Attacke" überfällt, dann ist der Verkäufer eine aggressive, ichbezogene, arrogante, unsympathische Person. Das findet niemand gut, kein Freund und schon gar nicht ein Kunde.

Der Einsatz lohnt sich

Persönliche Anliegen, Meinungen, Wünsche und Empfehlungen sind uns wichtig, bei geschäftlichen Besuchen vorgebrachte zudem zeitaufwendig und damit kostspielig. Bedenken Sie: Trotz unerhört viel Mühe und Kosten in gigantischer Größenordnung missglückte anfangs so mancher Raketenstart, mit dem Satelliten und sogar Menschen auf Umlaufbahnen gebracht werden sollten. Mühe und Kosten waren aber nicht umsonst. Man hört kaum noch von Fehlstarts.

Wer seine eigenen Anliegen möglichst oft erfolgreich durchsetzen will, braucht dazu nicht viel Mühe aufzuwenden, schon gar kein Geld. Er muss nur aufhören zu denken: „Irgendwie wird's schon klappen." Nichts klappt „einfach so".

Übung: Unterhaltung mit sich selbst

Bitte, stellen Sie sich vor den Spiegel, der Sie von Kopf bis Fuß zeigt. Fragen Sie Ihr Gegenüber:

Er: Sieht so der Mann meiner Frau aus,
                der Vater von drei Kindern,
                wenn er am Frühstückstisch sitzt,
                dem Menschen in seinem Beruf begegnen,
                wenn er nach Hause kommt,
                wenn er mit seinen Kindern spricht?

Sie: Sieht so seine Frau aus und die Mutter der Kinder,
                die sie betreut,
                die von ihm geschätzt, geachtet und geliebt
                wird?

Jeder Mensch: Sieht so jemand aus,
                der seine Meinung, seine Empfehlung verkaufen
                kann,
                der überzeugen, gewinnen und Spaß am Erfolg
                haben will?

Unterhalten Sie sich zehn Minuten lang mit Ihrem Konterfei. Zehn Minuten! Sind Sie zehn Minuten Selbstgespräch wert?

4. Kleider machen Leute

„Ja, genau wie dieser Mensch im Spiegel aussieht, so will ich in den Augen meiner Mitmenschen aussehen."

Sie wissen: Kleidung lässt keinen verlässlichen Rückschluss auf die Qualität des betreffenden Menschen zu. Aber dessen können Sie sicher sein: Von anderen werden Sie nach Ihrer Kleidung beurteilt!

5. Was Ihr Körper sagt

Sie kennen diese Bilder:

Die Tür geht auf, ein äußerst gehemmter Mensch kommt herein – er hat verloren, bevor er auch nur ein Wort gesagt hat.

Die Tür geht auf, ein selbstbewusster Mensch kommt herein – er hat gewonnen, bevor er irgendetwas gesagt hat.

Übung: Fragen an sich selbst

- Erinnert meine Körperhaltung an eine Trauerweide oder an ein Ausrufungszeichen?

  Oder: Gehe ich mit dem Blick nach vorne durchs Leben?

- Schwanke ich von einem Standbein auf das andere?

  Tapse ich herum wie ein Dackel?

  Oder: Stehe ich fest und sicher wie ein Fels in der Brandung?

- Verbreite ich Unruhe, Unsicherheit, Nervosität?

  Oder: Strahle ich Sicherheit und Ruhe aus, vermittle ich Geborgenheit?

- Wirke ich wie jemand, der schwer an Problemen trägt?

  Bin ich jemand, der Probleme verursacht?

  Oder: Bin ich eine harmonische, in sich ruhende Persönlichkeit? Sieht man mir den Problemlöser an? Wirke ich selbstbewusst und dabei sympathisch?

Abhängig von der Tagesform?

Manchmal hörte ich von Seminarteilnehmern, sie würden unterschiedlich wirken, je nach Tagesform. Zufällige Erlebnisse spielten eine Rolle, sogar das Wetter.

Abgesehen davon, dass erfolgsgewohnte Menschen immer in Form sein müssen, halte ich nichts von dieser Theorie. Unsere Ausstrahlung, um die es hier geht, ist nicht abhängig von zufälligen Ereignissen oder gar dem Wetter.

Wir leben – geografisch gesehen – in einer Oase von Zivilisation und sozialer Sicherheit, von wirtschaftlicher Blüte und medizinischer Versorgung, in einem Paradies – verglichen mit anderen Ländern – an Rechtsprechung und Kultur. Sogar von Naturkatastrophen sind wir weitgehend verschont. Aber was sagen die Körper der hier Lebenden, deren Gesten, Gang und Haltung, deren Gesichter?!

Angst, Missmut, Hetze, Unfreundlichkeit, Misstrauen, Egoismus, Rücksichtslosigkeit, Letzteres vor allem im Straßenverkehr und besonders auf den Autobahnen. Manche sehen so aus, als habe man sie gerade zu lebenslanger Zwangsarbeit im hintersten Sibirien verurteilt. Gewiss ist ihnen gar nicht bewusst, was für einen Eindruck sie hinterlassen, wenn sie beispielsweise am Wochenende in einer langen Warteschlange vor der Supermarktkasse stehen. Nur, Sie dürfen nicht so aussehen.

Erfolgs-Tipp:

Sie sind ein Gewinner. Sie müssen aussehen wie einer, der gewinnt.

6. Verräterisch: Stimme und Sprache

Rhetorik ist eine Kunst, die uns hilft, andere zu überzeugen. Nicht allein darauf kommt es an, viel zu wissen, sondern darauf, wie viel von Ihrem Wissen Sie auf andere übertragen können.

Rhetoriktraining verbessert auch das Selbstbewusstsein. Jeder Mensch, der ohne Training eine Stegreifrede halten soll, ist zunächst gehemmt. Sobald er aber gelernt hat, Stegreifreden zu halten, hat er auch gelernt, seine Gedanken vor dem Reden zu ordnen, weil sonst keine gute, wirksame Rede möglich ist.

Je besser jemand gelernt hat, seine Gedanken zu ordnen, bevor er spricht, umso besser kann er seine Gedanken auf andere übertragen. Genau das ist ein weiteres Geheimnis der Erfolgreichen.

Das neunte Geheimnis der Erfolgreichen – Gedankenordnung

„Ich kann meine Gedanken sehr gut ordnen und auf andere übertragen."

Übung: **Die eigene Stimme beurteilen**

- Was sagt meine Stimme?

- „Der Ton macht die Musik." In welchem Ton spreche ich?

- Ist der Ton meiner Stimme sympathisch?

- Was klingt in meiner Stimme? Unsicherheit, Nervosität, Angst, mangelndes Wohlbefinden oder Harmonie, Gesundheit, Überzeugungskraft?

7. Die Augen: Fenster nach innen und außen

Wie nützen Sie Ihre Augen? Sie sehen Ihren Mitmenschen in die Augen. Wirklich? Wie groß müsste der Zettel sein, auf dem Sie die Namen aller Menschen notieren, deren Augenfarbe Sie kennen?

Augen sind Fenster nach außen. Sie sind auch Fenster nach innen. Die Mutter, die Anlass hat, ihrem Lausbuben doch nicht ganz zu trauen, fordert ihn auf: „Sieh mir in die Augen!"

Nikolaus B. Enkelmann meint: „Erst wenn diese drei Schienen gut verlegt sind – Körper, Stimme, Augen –, erst dann kann das Fachliche Ihrer Arbeit über diese Schienen den anderen erreichen und ohne Einschränkung wirksam werden."

8. Ruhe ausstrahlen, abwarten, schweigen

Man gießt nicht Tee in eine Tasse, die halb voll Kaffee ist. Sie sind gut angekommen, bei Ihrer Frau, Ihren Kindern, Ihrem Geschäftsfreund. Sie haben vor, Ihre Idee zu verkaufen:

- Ihren Kindern den Tanzkurs statt des Disko-Besuchs,

- Ihrer Frau den Urlaub im Wohnwagen statt im Fünf-Sterne-Hotel,

- Ihrem Kunden die neue Verpackungsmaschine als Ersatz für die alte.

Die voraussichtlichen Einwände, die eigenen Argumente – alles ist gut durchdacht. Ihr Geschäftsfreund fordert Sie nach der Begrüßung auf: „Nun schießen Sie mal los, was gibt's denn Neues?"

Achtung: Bitte, schießen Sie nicht los. Sagen Sie so etwas wie „Ja gerne" und verstummen Sie.

Kann es sein, dass Ihr Geschäftspartner gerade eine für ihn sehr wichtige Information bekommen hat? Vielleicht hat er gerade erfahren,

- dass er 15 000 Euro Steuern nachzahlen soll,

- dass er in Usbekistan eine Filiale gründen soll,

- dass sein 27-jähriger Sohn die Note 1+ für sein Staatsexamen erhalten hat.

Ganz bestimmt hat er vor Ihrem Eintreffen keinen tiefen Büroschlaf gehalten, sondern war beschäftigt und hat nachgedacht. Was hat er gedacht? Hat er Sie schon in Gedanken erwartet? Falls das zutrifft, können Sie mit Ihrem Anliegen beginnen. Falls nicht – ja, was dann?

Aufforderung durch Schweigen

Bleiben wir bei dem Beispiel „neue Verpackungsmaschine".

„Nun schießen Sie mal los, was gibt's denn Neues?", fragt Herr Kunz.

„Ja, gerne."

„Hm – übrigens – Herr Nützlich, also Sie glauben ja gar nicht, was mir gerade passiert ist …"

Weniger ist mehr

Ihr Gesprächspartner spricht plötzlich über etwas, das nicht das Geringste mit Ihrem Besuch zu tun hat. Vielleicht etwas sehr Erfreuliches, vielleicht über eine mittlere Katastrophe. Wenn das geschieht, hören Sie bitte mit freundlichem Gesicht, mit kleinen zustimmenden oder verstehenden Gesten zu. Ihr Partner wird es Ihnen danken. Er wird am Ende so etwas sagen wie: „Nun, ich weiß eigentlich selbst nicht, warum ich Ihnen das alles erzählt habe, – aber jetzt zur Sache …"

Das ist das Signal zum Beginn des Gesprächs. Jetzt können Sie mit Ihrem Anliegen beginnen, aber immer noch nicht „losschießen" und ihm erzählen, was es „Neues" gibt. Aber Sie können auf Ihr Anliegen bezogene Fragen stellen. Sie werden erleben:

Die Fragen werden gerne beantwortet.

9. Werden Sie aktiv!

Überdenken Sie noch einmal Situationen, in denen Sie durch Zurückhaltung erfolgreich waren im Hinblick auf:

1. Positive Lebensführung

2. Gesundheit

3. Kontakt

4. Kultur

5. Konto

Ihre persönlichen Erkenntnisse

- Meine drei wichtigsten neuen Erkenntnisse sind:

    . . . .

    . . . .

    . . . .

- Folgende Erkenntnisse sind mir aufs Neue bewusst geworden:

    . . . .

    . . . .

    . . . .

- Das werde ich in den kommenden Wochen bewusst anwenden:

    . . . .

    . . . .

    . . . .

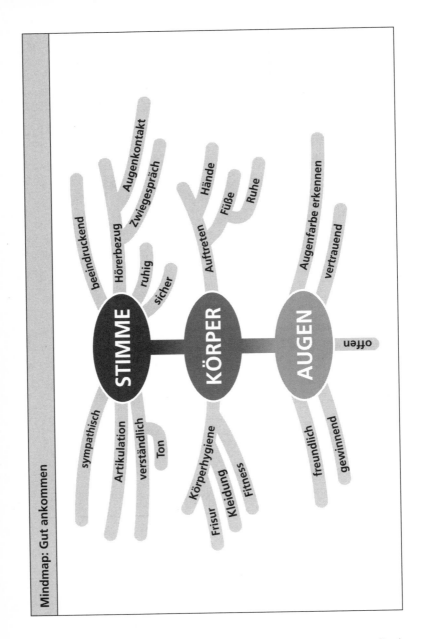

Die Logik des Überzeugens: Die Frage

8

1. Kontraproduktiv: Nervende Werbung

Wahrscheinlich werden Sie mir zustimmmen: Wenn jemand Sie überzeugen will, dann sollte er Sie nicht in lästiger Weise bedrängen. Sie erwarten zu Recht, nicht überredet, sondern überzeugt zu werden. Ziel aller Werbung müsste eigentlich sein, uns davon zu überzeugen, dass das, was empfohlen wird, interessant, brauchbar und nützlich ist.

Was aber erleben wir Tag für Tag? Schutzlos werden wir mit einer Flut unerwünschter Angebote behelligt, die uns weder nützen noch interessieren, eher verärgern. Ein Großteil jeder Werbung fragt nicht, sondern informiert nur und, schlimmer noch, behauptet. Der Anbieter geht davon aus, stete Wiederholung derselben Werbesprüche wird den Käufer schon bald zugreifen lassen. Das mag ja für Nahrungs- und Waschmittel oder Medikamente noch angehen, nicht aber für höherwertige Wirtschaftsgüter oder gar Ideen, politische Meinungen oder schlicht die Wahrheit. Selbst hier wird mit nicht nachprüfbaren, ja unglaubhaften Behauptungen gearbeitet.

Fax-Reklame

Vor noch gar nicht so langer Zeit kam die Telefax-Technik in die Büros und sogar in die privaten Haushalte. Kommunikation per Telefax hat mir sehr geholfen. Inzwischen ist unerwünschte Telefax-Werbung wie ein Grippevirus über uns gekommen, was mich jetzt veranlasste, mein Telefax-Gerät nur noch nach Bedarf einzuschalten. – Zeitungen und Zeitschriften sind schon seit langem derart mit Beilagen belastet, dass binnen einer Woche ein Berg von Altpapier zu entsorgen ist. – Mit der Post zugestellte Werbesendungen verstopfen die Briefkästen und vergrößern die Plage.

Werbefernsehen

Die Werbung im Fernsehen ist nicht nur wegen ihrer Häufigkeit ein allgemein empfundenes Ärgernis, sondern vor allem wegen der abgesunkenen Qualität. Das wird uns zugemutet:

- Arrogante Behauptungen.

- Kindisch nachgeahmte Babysprache.

- Bebrillte Affengestalt als Werbesprecher.

- Verdummende Werbesprüche.

- Unsere Muttersprache überflutende englische Ausdrücke.

- Nicht erklärte, oft ebenfalls englische, Abkürzungen.

- Unangenehm aufdringliche Sprecherstimmen.

Die Primär-Folgen beim Kunden

- Der Fernsehton – manchmal mit Bild – wird während der Werbezeiten ausgeblendet.

- Die Werbeseiten und Insertionen in den Druckmedien werden unbeachtet überblättert oder gleich weggeworfen.

- Der Briefkasten für Werbesendungen wird gesperrt, denn dieser Werbestil gleicht einer Heuschreckenplage.

Die Sekundär-Folgen bei Kunde und Verkäufer

- Brauchbare, ja sogar wertvolle Hinweise und Empfehlungen werden oft von vornherein ungeprüft pauschal abgelehnt.

- Viele professionelle Verkäufer überzeugen nicht mehr, sondern preisen ihr Angebot – wie täglich durch Massenwerbung vorgeführt – in höchsten Tönen an. Sie fragen nicht, sie behaupten.

Achtung: Wo das geschieht, finden selbst wertvolle Industrieprodukte und Dienstleistungen keinen Anklang; sie verschwinden vom Markt, bevor sie ihn erreicht haben. Das ist einer der Gründe, warum so viele Jungunternehmer straucheln.

Sicherlich sind Sie nicht gezwungen, Ihr Anliegen binnen Sekunden über den Bildschirm zu vermitteln oder in anderen Medien Massenwerbung zu veranstalten. Sie wollen nicht werben, sondern überzeugen und verfügen daher auch über mehr Zeit. Bitte nützen Sie diese Zeit. Ahmen Sie nicht die geschilderten Werbe-Unarten nach. Es geht darum, Zustimmung zu gewinnen. Das funktioniert nur, wenn wir Verständnis für den anderen aufbringen, ihn, seine Meinung und sein Handeln respektieren, wenn wir uns für ihn wirklich interessieren. Wir müssen ihn fragen – und aktiv zuhören –, bevor wir selbst etwas sagen.

2. Mit Fragen ergründen

Ihr Kind schwärmt für Disko-Besuche und Moped fahren. Sie würden vorziehen, dass es lernt, ein Musikinstrument zu spielen, weiterhin sein Fahrrad benutzt, eine Tanzschule besucht und einem Sportverein beitritt.

Ihr Partner ist für Urlaub in Fünf-Sterne-Hotels. Sie würden lieber mit dem Wohnwagen in den Urlaub fahren.

Ihr Geschäftsfreund ist zufrieden mit dem, was er hat. Sie meinen, mit der neuen Verpackungsmaschine Ihrer Firma wäre er besser bedient.

Was meinen Sie: Sollten Sie nicht in jedem und allen anderen Fällen solcher Art erst einmal herausfinden, warum Ihre Gesprächspartner so und nicht anders denken und handeln, bevor Sie selbst Ihre Meinung vorbringen?

Wer fragt, der führt

Vermutlich kennen Sie den Spruch: „Der Mensch ist ein Gewohnheitstier." Hält ein Zustand längere Zeit an, bemerken wir ihn gar nicht mehr; er ist uns nicht mehr bewusst.

Wenn Sie fragen:

- „Was macht dir denn so viel Spaß in der Disko?",

- „Was gefällt dir besonders gut in den Hotels?",

- „Wie lange ist die Verpackungsmaschine schon im Einsatz?",

dann wird dem Befragten die Situation, wie sie ist, bewusst. Er wird antworten und vermutlich mehr darüber berichten, als Sie vermuteten, denn die allermeisten Menschen reden lieber, als dass sie zuhören, besonders dann, wenn sie nach etwas gefragt werden, worüber sie gerne sprechen.

Hinzu kommt: Mit Ihren Fragen entsprechen Sie dem Geltungsbedürfnis Ihres Gesprächspartners. Das schmeichelt und wirkt sympathisch. Beobachten Sie nur einmal, was ein Straßenpassant antwortet, wenn Sie ihn aus dem Auto nach dem Weg zum Ziel fragen. Wenn er die Antwort kennt, wird er sie wiederholen, einmal, zweimal, so angenehm empfindet er es, gefragt zu werden.

Das Frage-Antwort-Spiel

Fragen werden – ganz allgemein – gern beantwortet. Gern und liebevoll sogar die von Kindern im Vorschulalter, die täglich bis etwa dreihundert Mal ihren Wissensdurst zu stillen versuchen, bis dann irgendwann und leider auch der liebsten Mutter der Geduldsfaden reißt. „Jetzt hör endlich auf mit deiner ewigen Fragerei", fährt sie das Kind an. So geht es weiter, im Kindergarten, in der Schule, überall dasselbe: „Halt den Mund! Antworte, wenn du gefragt wirst."

Zuerst lernen wir Gehen und Sprechen. Später dann Stillsitzen und den Mund halten.

Sind aber aus den Heranwachsenden Erwachsene geworden, dann sind sie an das Frage-und-Antwort-Spiel gewöhnt. Ihr Gesprächspartner wird von Ihnen gefragt, er antwortet prompt und ausführlich.

3. Die richtigen Fragen stellen

Fragen Sie nach dem, was Ihr Gegenüber weiß, worüber er bereitwillig sprechen wird, wo seine Stärken liegen. Niemand räumt gerne ein, auf eine Frage keine Antwort zu wissen. Jeder spricht gern über das, was er kennt, worauf er möglicherweise stolz ist, beispielsweise auf die von ihm selbst vor 30 Jahren eingeführte Verpackungsmaschine. Lassen Sie ihm seinen Stolz! Reden Sie jetzt noch nicht von Ihren Stärken, Ihrem Angebot, denn dazu ist es viel zu früh. Bleiben Sie noch ein Weilchen bei Ihren Fragen. Ihnen steht eine große Bandbreite von Fragetypen zur Verfügung.

Die geschlossene oder direkte Frage

„Haben Sie vor, Ihr Auto zu verkaufen?" „Ja."

„Darf ich fragen, wann?" „Im Juni."

„Hat das Auto eine Anhängerkupplung?" „Nein."

Der Fragende bekommt auf jede seiner Fragen eine Antwort. Er stellt „geschlossene" Fragen. Geschlossene Fragen werden meist mit Ja, Nein oder einer Kurzreplik beantwortet.

Wer gerne spricht, auch unaufgefordert redet, wird auf geschlossene Fragen vielleicht in ganzen Sätzen antworten, nicht aber jemand, der zurückhaltender ist.

Das bedeutet für Sie: Selbst viele geschlossene Fragen bringen Ihnen unter Umständen nur spärliche Informationen. Für Ihren Gesprächspartner heißt das: Beim Beantworten geschlossener Fragen hat er schnell das Gefühl, ausgefragt zu werden. Er lehnt das ab und beendet das Gespräch.

Geschlossene Fragen sind dennoch sehr nützlich, um ganz bestimmte Informationen zu erfragen. Dazu einige Beispiele:

- **Die Detailinformation**

  „Haben Sie das schon einmal versucht?" „Ja."

- **Die Entscheidung**

  „Darf ich mir das einmal ansehen?" „Nein, jetzt passt es nicht."

  oder

  „Haben Sie vor, die Umstellung noch vor Jahresende vorzunehmen?" „Ja."

- **Die ergänzende Information**

  „Tritt das immer auf, wenn der Motor warm ist?" „Ja, immer dann."

- **Das abschweifende Gespräch zum Kern zurückführen**

  „Können wir uns diesen Arbeitsplatz jetzt mal ansehen?" „Ja."

- **Der Beschluss**

  „Bist du mit dem Plan wie besprochen einverstanden?" „Ja."

Die öffnende Frage

Nichts Wertvolles fällt uns in den Schoß! Wir müssen vorher nachdenken. Öffnende Fragen müssen vor dem Gespräch durchdacht und zumindest die wichtigsten auch notiert werden.

- „Was versprichst du dir von Disko-Besuchen?"

- „Was gefällt dir an den Urlaub-Hotels so gut?"

- „Was schätzen Sie besonders an Ihrer Verpackungsmaschine?"

Die öffnende Frage bringt Ihnen wertvolle Informationen. Sie erfahren sogar wichtige Einzelheiten, nach denen Sie gar nicht gefragt haben. Sogar der wortkarge Gesprächspartner wird gesprächig. Sie hören seine Meinung, er sagt, was er denkt. Beim Zuhören lernen Sie Ihren Gesprächspartner immer besser kennen. Während er redet, berichtet, Sie informiert, bekommen Sie Einblick in die sachlichen Zusammenhänge. Darüber hinaus wird deutlich, woran er wirklich interessiert ist:

- Geht Ihr Kind nur in die Diskothek, um nicht den Kontakt mit Freunden zu verlieren?

- Gibt es vieles, was am Hotel-Urlaub doch nicht so gut ist?

- Würde er eigentlich lieber mit einer neuen Maschine arbeiten?

Die reflektierende Frage

Sie wiederholen in Frageform, was Ihr Partner gesagt hat und bekunden damit Verständnis für seine Ansicht. Das fördert das Gesprächsklima. Sie verwandeln die ablehnende oder einschränkende Aussage Ihres Gegenübers in Zustimmung.

- „Mit anderen Worten, du würdest auf das Moped verzichten, wenn wir dir mit 18 den Führerschein bezahlen?" „Ja, einverstanden."

- „Du wärst einverstanden, wenn wir einen Wohnwagen für vierzehn Tage zur Probe mieten?" „Ja, schon, aber nur zur Probe!"

- „Sie meinen, wenn die Umstellungskosten in angemessener Zeit amortisiert wären, würden Sie unseren Vorschlag der Geschäftsleitung empfehlen?" „Ja, darüber können wir reden."

Die Hypothese- oder Wenn-Frage

Diese Frageart räumt zwar keine Hindernisse aus dem Weg, aber sie umgeht sie. Damit ist sie sehr gut geeignet, ein festgefahrenes Gespräch wieder in Gang zu bringen. Das zu umgehende Hindernis muss allerdings zu einem späteren Zeitpunkt mit Sicherheit zu beseitigen sein.

- „Nehmen wir einmal an, wir würden für dich und deinen Freund während der Ferien eine Deutschlandrundfahrt per Fahrrad vorbereiten. Wärst du damit einverstanden?"

- „Würdest du dem Probeurlaub im Wohnwagen zustimmen, wenn wir daran anschließend noch für eine Woche nach Rhodos fliegen?"

- „Wenn wir die Finanzierung zu günstigen Konditionen übernähmen, sollten wir Ihnen dann eine Rentabilitätsrechnung unterbreiten?"

Die Alternativ-Frage

Auf Alternativ-Fragen kann der Befragte zwei Mal mit „Ja" und einmal mit „Nein" antworten. Da erfahrungsgemäß das zuletzt Gesagte besser „im Ohr" ist als der Beginn, formulieren Sie bitte Ihre Alternativ-Fragen so: Das, was Sie nicht so gerne möchten, kommt an den Beginn, das, wozu Sie ein „Ja" brauchen, ans Ende.

„Darf es zum Frühstück ein weich gekochtes Ei sein oder unser vorzügliches Rührei auf Speck, eine Spezialität des Hauses?"

Ich glaube, es gehört schon sehr viel Seelengröße zur Antwort: „Nein danke, weder noch."

Die richtungsweisende Frage

„Wer fragt, führt das Gespräch" oder: „Wer antwortet und fragt, führt das Gespräch." Sie haben die erste Version schon einmal gelesen. Daraus mögen Sie schließen, wie wichtig es ist, das Gespräch zu führen. Es kommt vor, dass ein Gespräch abschweift oder dass ein Ihnen unliebsames Thema, beispielsweise „Krankheit", ins Uferlose driftet. Wenn Ihnen das auf die Nerven geht, gilt es, in eine noch so kleine Atempause des Gesprächspartners blitzschnell eine Frage einzuschieben, etwa so:

„Sie erwähnten vorhin … können Sie mir hierzu noch …" Manchmal stutzt der andere für einen Moment und setzt unbeirrt seine Tirade fort. Dann bitte nicht resignieren, sondern bei nächster Gelegenheit einen neuen Versuch starten: „Sag mal, du hast doch vorhin so geschwärmt von … wie war das denn?"

Die Suggestiv-Frage

Suggestiv-Fragen sind sehr gefährlich, weil sie den Gesprächspartner unter Druck setzen. Sie unterstellen, dass er die geäußerte Meinung ungefragt teilt. Das gefällt niemandem!

Beispiel:

- Verkäufer im Küchenstudio:

    „Bestimmt sind Sie doch auch der Ansicht, dass der Arbeitsplatz „Küche" längst tot ist, oder?"

    Die ganz anders denkende Hausfrau:

    „Wie kommen Sie denn darauf?"

- Herr Ungemach fragt: „Unsere Konkurrenz, die Firma Tech-Products, hat doch bestimmt auch angeboten; aber unser Angebot bietet Ihnen ja viel mehr, nicht wahr?"

Der Kunde, den Herr Ungemach mit dieser Suggestiv-Frage zu einer Antwort nötigt, die er gar nicht geben will, antwortet zwar, aber er lügt, oder sagt verärgert die Wahrheit, oder lässt das Gespräch in einer Sackgasse enden: „Hierüber möchte ich nicht gerne sprechen. Haben Sie sonst noch etwas zu vermelden?" – Aus ist das Gespräch.

Achtung: Für Suggestiv-Fragen gilt dasselbe wie für „Ja, aber …". Das war einmal, das ist vorbei. Vergessen Sie's.

Die Gegenfrage

Wer fragt, erwartet eine Antwort, aber keine Gegenfrage.

„Fahren Sie jetzt schon nach Hause?" „Wieso fragen Sie?" – das mag niemand.

Manchmal allerdings hilft nur noch die Gegenfrage. Wenn Ihrem Anliegen in jedem Detail widersprochen wird, wenn Sie ein Kontra nach dem andern einstecken müssen, dann haben Sie es wahrscheinlich mit einem Nörgler zu tun. Das braucht Sie nicht zu ärgern. Bleiben Sie freundlich, höflich. Fragen Sie: „Was würden Sie denn als Lösung vorschlagen?"

Wie viel besser kämen die Menschen miteinander aus, würden sie weniger reden, noch weniger behaupten, stattdessen viel fragen und aufmerksam zuhören. Wer das beherzigt,

- kommt durch Fragen vom Monolog zum Dialog,

- erreicht damit ein Gesprächsgleichgewicht,

- unterbreitet sein Anliegen in Sie-Einstellung,

- spricht nicht nur den Verstand, sondern auch das Gefühl an,

- wirkt und ist selbstkritisch,

- behandelt andere so, wie er selbst behandelt werden will.

4. Werden Sie aktiv!

Ihre persönlichen Erkenntnisse

■ Meine drei wichtigsten neuen Erkenntnisse sind:

. . . .

. . . .

. . . .

. . . .

■ Folgende Erkenntnisse sind mir aufs Neue bewusst geworden:

. . . .

. . . .

. . . .

. . . .

■ Das werde ich in den kommenden Wochen bewusst anwenden:

. . . .

. . . .

. . . .

. . . .

Mindmap: Richtig fragen

FRAGEN

GESCHLOSSENE FRAGEN
- Ja / Nein / Kurzantwort
- Viele Fragen, wenig Information
- Detailinformation
- Entscheidung, Beschluss, Bestätigung
- Stoppt unerwünschten Gesprächsverlauf

REFLEKTIERENDE FRAGEN
- Verständnis für die geäußerte Ansicht
- Fördert das Gesprächsklima

GEGENFRAGEN
- unerwünscht

ALTERNATIV-FRAGEN
- 2 x JA / 1 x NEIN
- 1. Frage nach nicht gewünschter Antwort
- 2. Frage nach gewünschter Antwort

RICHTUNGSWEISENDE FRAGEN
- Führt abschweifendes Gespräch zum Thema zurück

ÖFFNENDE FRAGEN
- Viel und wertvolle Information
- Ihr Zuhören macht Sie dem Partner sympathisch
- Sie erfahren, was der Kunde denkt
- Sie erfahren, was den Kunden interessiert
- Sie können die passenden Argumente auswählen

HYPOTHESE-FRAGEN
- Umgeht Hindernisse
- Bringt festgefahrenes Gespräch wieder in Gang

SUGGESTIVFRAGEN
- unbeliebt

Die Logik des Überzeugens: Das Argument

9

1. Missbrauch der Argumente

Argumentieren heißt nicht – wie „to argue" übersetzt werden könnte – streiten; auch nicht beweisen. Wer beweist, mag Recht behalten, aber er kann damit niemanden gewinnen. Argumente sollen begründen. Wer argumentiert, begründet, warum der Gesprächspartner zustimmen sollte. Das ist keine simple Angelegenheit. Wer richtiges Argumentieren nicht gelernt oder nicht darüber nachgedacht hat, dagegen Argumentationsfehler verkennt und aus ihnen nicht die richtigen Schlüsse zieht, wird vermutlich Zeit seines Lebens falsch und damit erfolglos argumentieren. Er wird beim Versuch, zu überzeugen, öfter verlieren als gewinnen.

Die Anzahl der Argumente

Über wie viele Argumente verfügt beispielsweise ein Verkäufer, der PKWs nur eines Herstellers verkauft? Es sind wahrscheinlich an die hundert. Je besser er sein Produkt kennt, umso mehr wird er von ihm schwärmen und darüber die Bedürfnisse des Kunden vergessen.

Das Aufzählen der Argumente

Versuchen Sie doch einmal, eine Nachrichtensendung, die Sie gehört und gleichzeitig mit dem Videorecorder aufgenommen haben, inhaltlich möglichst vollständig zu notieren. Vergleichen Sie dann Ihre Notizen mit der Aufzeichnung. Haben Sie mehr als beispielsweise 30 Prozent der Sendung notiert? Das wäre ein gutes Ergebnis. Alles andere ist an Ihnen vorbeigerauscht, obgleich die Rahmenbedingungen für Sie optimal waren. Das sind:

- Gewohnte Umgebung
- Entspannt im bequemen Sessel sitzen
- Ruhe, keine Störungen
- Optimale Bild- und Tonqualität
- Sie waren interessiert
- Sie wollten wissen, was über das Tagesgeschehen berichtet wurde

Im Überzeugungsgespräch, ob privat oder geschäftlich, sieht das ganz anders aus:

- Ungewohnte, sogar hinderliche Umgebung
- Erfolgs- und Zeitdruck
- Sie werden gestört, unterbrochen
- Erstklassige optische Hilfsmittel fehlen
- Es ist fraglich, ob Interesse besteht oder erst geweckt werden muss
- Man darf nicht, wie der Nachrichtensprecher, nur informieren

Monolog

Der Verkäufer spricht, der Gesprächspartner wird genötigt, zuzuhören. Er hat keine Chance, eigene Gedanken zu äußern, seien sie ablehnend oder nur in Frage stellend, vielleicht sogar zustimmend. Das behagt ihm überhaupt nicht. Aber er denkt sich seinen Teil! Was er denkt, bleibt dem Verkäufer allerdings verborgen. Der fragt ja nicht.

Ist-Situation wird nicht zuvor ermittelt

Woher will ein Verkäufer wissen, welches der vielen Verkaufsargumente den Gesprächspartner ernsthaft interessiert, wenn er nicht vorher fragt? Ein Verkaufsgespräch, ganz gleich, ob im privaten oder geschäftlichen Bereich, muss immer mit der Ist-Situations-Analyse beginnen. Wer glaubt, dies der gebotenen Kürze wegen vernachlässigen zu können, handelt wie jemand, der mit verbundenen Augen Auto fährt.

Achtung: Argumente vorzubringen, und seien sie noch so überzeugend, die den Gesprächspartner nicht interessieren, ist vergebliche Liebesmüh, ist blanker Unsinn.

Falsches Argument

Ein Beispiel: Vom Berliner Flughafen Tegel fuhr ich mit dem Taxi zum Hotel. Der Taxifahrer, wie ich Berliner, begann sogleich ein Gespräch, in dem er von seinem nagelneuen Taxi, einem Mercedes 190, schwärmte. „Sehen Sie mal, sogar die Aschenbecher im Fond sind beleuchtet!" Das mir, der ich seit Jahrzehnten das Zigarettenrauchen ablehne.

Zu spätes Fragen

Irgendwann gehen auch dem über seine Produkte bestinformierten Verkäufer die Argumente aus. Er muss dann fragen:

„Was halten Sie denn davon, Herr Kunz?"

Herr Kunz hatte bis dahin zwar zugehört, aber das meiste ist auch an ihm vorbeigerauscht. Ein paar Mal dachte er: „Ja, gefällt mir.", „Wie bitte? Bei uns ist das ganz anders.", „Unsinn, das brauchen wir nicht.", „Na ja, müsste man mal prüfen."

Nun endlich auch einmal nach seiner Meinung gefragt, sagt er: „Ja, interessant, was Sie da vorgetragen haben. Wir müssen das natürlich erst einmal intern diskutieren. Bemühen Sie sich nicht weiter. Wir melden uns, wenn es soweit ist. Also, danke für Ihren Besuch, gute Zeit auch und …"

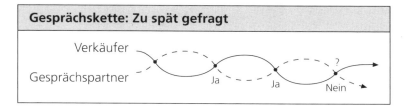

Gesprächskette: Zu spät gefragt

Verkäufer

Gesprächspartner

Ja   Ja   Nein   ?

Die Katastrophe in diesem Gespräch ist nicht die Reaktion des Herrn Kunz. Das Schlimme ist: Der Verkäufer fragt nicht! Infolgedessen sagt Herr Kunz auch nichts. Herr Kunz „denkt" seine Einwände. Mit gedachten Einwänden fängt höchstens ein Gedankenleser etwas an. Wir sind keine Gedankenleser. Vermutlich scheitern aus diesem Grund täglich zahllose Überzeugungs- und Verkaufsgespräche.

2. Motivation: Was steckt dahinter?

Ob wir das nun wahrhaben wollen oder nicht:

Die meisten fabrikneuen PKWs werden gekauft, um das Geltungsbedürfnis zu befriedigen.

Man will „das Neue" haben, „Metallic" natürlich, Ausführung: „Elegance". Die vom Konto verfügbaren Tausender sind weniger wichtig als das neue Auto, auf das man stolz ist, mit dem man so richtig angeben kann: „Das kann ich mir leisten!"

Vor sich selbst begründet man den eigentlich gar nicht nötigen Kauf so:

„Es ist viel sicherer als das alte – und so viel bequemer zu fahren – diese Kraftreserve! – und was die andern wohl sagen werden, wenn sie mitkriegen, dass ich schon das neue Modell habe …?!"

Das passende Motiv

Motivieren – lat. movere = bewegen – soll etwas in uns bewegen, soll Wünsche wecken. Der Gesprächspartner soll sich wünschen, was wir als Argument anbieten.

- Ihr Kind soll sich statt Disko-Besuch den Tanzunterricht wünschen.

- Ihre Frau soll statt Fünf-Sterne-Hotel-Urlaub den Urlaub im Wohnwagen bevorzugen.

- Ihr Industriekunde soll, statt es bei der alten zu belassen, dem Einsatz der neuen Verpackungsmaschine zustimmen.

Das funktioniert nur, wenn Sie in Ihre Argumentation das zum Gesprächspartner passende Motiv einflechten.

Es gibt Grundmotive wie Hunger, Durst, Schlafbedürfnis; sie interessieren hier nicht. Es geht vielmehr um die so genannten „Kaufmotive".

Typische Kaufmotive
■ Geltungsbedürfnis oder auch Prestige, Eitelkeit
■ Gewinn oder Erwerb, Besitz, Macht
■ Sicherheit, Geborgenheit
■ Bequemlichkeit – einfacher, leichter, bequemer soll es gehen
■ Neugierde
■ Kontakt

Im Gespräch mit Ihrem Kind und auch Ihrem Partner kommen vielleicht die Motive „Kontakt" und „Neugierde" in Frage.

Ein fürs Technische zuständiger Industriekunde wird neben der „Leistung" Wert legen auf „Sicherheit" und „Verfügbarkeit", während die Firmenleitung vornehmlich am „Gewinn" interessiert ist.

Wichtig: Im Verkaufsgespräch erkennen Sie schnell, welches Motiv Ihren Gesprächspartner bewegt, vorausgesetzt, Sie reden nicht nur selbst, sondern lassen den anderen zu Wort kommen – und hören sehr aufmerksam zu!

Erfolgreiches Argumentieren ist nicht schwieriger, bedeutet aber für jeden, der es noch nicht in Lernstufe IV beherrscht, eine grundsätzliche Umstellung der Gesprächsführung. Gewohntes aufzugeben und durch Ungewohntes zu ersetzen, ist stets langwierig. Man braucht Geduld und muss motiviert sein, das Ungewohnte durch wiederholtes Üben und Anwenden zur Gewohnheit zu machen.

Erfolgs-Tipp:

Ihr Motiv heißt eindeutig: Gewinn = Erfolg.

3. Die Argumentationstreppe

Für ein erfolgreiches Überzeugungsgespräch sollten Sie sich an der Argumentationstreppe orientieren.

1. Stufe

Ein Argument nennen, nicht zwei oder drei, nur ein einziges!

2. Stufe

Erläutern, welchen Vorteil dieses Argument dem Kunden bringt.

3. Stufe

Den Nutzen hinzufügen, den dieser Vorteil enthält.

4. Stufe

Das Motiv ansprechen, das in diesem Nutzen steckt.

5. Stufe

Den Kunden fragen, ob er zustimmt.

Erst wenn Sie wissen, ob Ihr Argument akzeptiert wurde oder nicht, können Sie bei Bedarf das nächste Argument nennen. Meist genügen zum Überzeugen etwa drei Argumente.

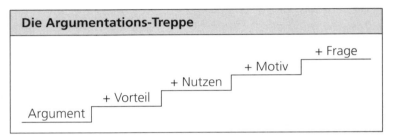

Die Argumentations-Treppe

Argument + Vorteil + Nutzen + Motiv + Frage

Beispiel 1:

1. Versuch: Statt Disko-Besuch Tanzschule

Argument: Tanzkurs

Wie wär's, wenn wir dir einen Tanzkurs bezahlen würden?

Vorteil:

Da lernst du ja nicht nur Tanzen, sondern auch junge Leute kennen,

Nutzen:

die zu dir passen. Das wäre doch eigentlich der richtige Umgang für dich.

Motiv: Kontakt

Du wünschst dir ja immer Kontakt zu Freunden, mit denen du dich gut verstehst.

Frage:

Was meinst du, solltest du das nicht an Stelle der Diskoabende mal probieren?

Antwort:

Ja, ich meine – also nein, …

Das war offensichtlich noch nicht ganz überzeugend.

2. Versuch: Statt Disko-Besuch Tanzschule

Argument: Guter Tänzer

Du kennst ja den Spruch: „Man müsste Klavier spielen können …" Ebenso könnte man sagen: „Man müsste tanzen können …"

Vorteil:

Wenn du gut tanzen kannst, bist du auf jeder Party gern gesehen.

Nutzen:

Du bist von allen Freundinnen der gesuchteste Tanzpartner.

Motiv: Eitelkeit, Prestige

Das wäre doch was, wenn die Mädchen dir nachlaufen.

Frage:

Oder?

Antwort:

Na ja, hm, stimmt schon, aber …

Es hat immer noch nicht ganz geklappt.

3. Versuch: Statt Disko-Besuch Tanzschule

Argument: Tanzlehrer für Freunde

Verabrede dich doch mit zwei oder drei Paaren von deinen Diskofreunden statt in der Disko bei uns zu Hause und versuche dich als Tanzlehrer.

Vorteil:

Selbst unterrichten ist mit Abstand die beste Lernmethode.

Nutzen:

Du wirst sehen, bald wirst du der Beste in der Tanzschule sein. Du gewinnst sogar Preise!

Motiv: Eitelkeit

Darauf wärst du sicherlich stolz.

Frage:

Meinst du nicht auch?

Antwort:

Das würdet ihr wirklich erlauben? Also gut, ich versuch's mal.

Beispiel 2:

1. Versuch: Statt Hotel-Urlaub Wohnwagen-Urlaub

Argument: Wohnwagen-Urlaub

Als ich vorige Woche bei den Nützlichs war, haben sie mir ihren Wohnwagen gezeigt. Toll, sag ich dir – müsstest du dir auch mal ansehen.

Vorteil:

Wo die schon überall waren und wen sie alles kennen gelernt haben!

Nutzen:

Die Kinder sind auch ganz begeistert. Die können rumtoben, finden überall Spielfreunde, sogar Nicht-Deutsche. Die verstehen sich bestens, da gibt's offensichtlich keine Sprachbarrieren.

Motiv: Neugierde, Bequemlichkeit, Kontakt

Wäre doch mal was anderes, als diese ewig gleiche Hotel-Routine – und die Kinder wären beschäftigt. Du würdest mal andere Menschen kennen lernen und hast nicht ständig die Kinder am Hals.

Frage:

Was hältst du davon?

Antwort:

Ich weiß nicht. Ist ja alles schön und gut. Aber meine Haushaltsarbeit geht genauso weiter wie hier. Betten machen, ihr wollt was essen. Wer macht das? Ihr doch nicht, also ich. Nein, so stelle ich mir Urlaub eigentlich nicht vor.

Der Funke hat noch nicht gezündet.

2. Versuch: Statt Hotel-Urlaub Wohnwagen-Urlaub

Argument: Problemlose Küchenarbeit – gutes Essen

Die Nützlichs frühstücken im Wohnwagen. Das bringt er auf den Tisch; würde ich auch übernehmen. Aber die Hauptmahlzeit nehmen sie meist in kleinen Restaurants, wo vor allem die Einheimischen hingehen. Du, nicht nur er, auch Frau Nützlich ist ganz begeistert. Was die für Gerichte kennen gelernt haben. Manchmal essen sie auch im Wohnwagen. Dann gibt's Salat, keine große Küche, oder sie essen eine Pizza, irgendetwas Fertiges.

Vorteil:

Nicht immer mit denselben Leuten am Tisch sitzen, oder neben ihnen! Wann wir essen und wie wir angezogen sind, da macht uns niemand Vorschriften.

Nutzen:

Übrigens: Wir würden uns wahrscheinlich sogar gesünder ernähren. Diese üppigen Hotelmahlzeiten …

Motiv: Eitelkeit, Bequemlichkeit, Kontakt, Sicherheit

Du lässt oft die Hälfte des Hotelessens stehen. „Meine Figur!", sagst du. Und die Kinder sollen nicht so viel süßen Nachtisch essen. Ist ja gut so; aber all diese Probleme hätten wir nicht mehr.

Frage:

Was sagst du dazu?

Antwort:

Na ja, du hast ja Recht. Soviel ich weiß, brauchst du eine An-hängerkupplung und sicherlich eine Menge Zubehör im Wohnwagen. Das kostet alles sehr viel Geld. Dafür könnten wir schon mal den Flug nach Malaysia bezahlen. Die Schumanns waren gerade da, hat ihnen sehr gefallen.

Das „Ja" steht immer noch aus.

3. Versuch: Statt Hotel-Urlaub Wohnwagen-Urlaub

Argument: Wohnwagen zur Probe mieten

Wir könnten den Wohnwagen mieten, für 14 Tage zum Beispiel. So zur Probe gewissermaßen.

Vorteil:

Falls es uns nicht gefällt, gut, dann buchen wir künftig unsere Urlaubsreise so wie bisher.

Nutzen:

Du brauchst dich nicht festzulegen, wir gehen kein Risiko ein.

Motiv: Sicherheit

Aber dann weißt du aus eigener Erfahrung, was uns mehr Spaß macht, was auch für die Kinder gut ist, und ob wir uns selbst so oder so besser entspannen und erholen.

Frage: Einverstanden?

Antwort:

Ja – aber auf deine Verantwortung!

Große, sehr leistungsfähige Maschinen für das Verpacken von Lebensmitteln oder Pharmazeutika können weit mehr als drei Millionen Euro kosten. Der Markt dieser Branche ist eng, die Konkurrenz und die Zahl der Verkaufsargumente sind groß.

Solche Produkte können nur gut geschulte und trainierte Verkaufsingenieure mit Erfolg anbieten und verkaufen. Ihnen unterläuft vermutlich nicht der Fehler, Verkaufsargumente aufzuzählen. Voraussetzungen für eine erfolgreiche Argumentation zeigen diese Versuche:

Beispiel 3:

1. Versuch: Angebot einer Verpackungsmaschine

Argument:

(1) „Herr Kunz, wir fertigen und vertreiben weltweit Verpackungsmaschinen von großer Zuverlässigkeit und höchster Qualität.

(2) Noname ist kompetenter Partner durch Projektplanung und Bau von kompletten Produktionsanlagen.

(3) Noname-Verpackungsmaschinen ermöglichen für jedes Produkt die sichere, kostengünstige, verbrauchergerechte Verpackung.

(4) Wir bieten bedarfsgerechte Schlauchbeutelmaschinen für alle Einsatzgebiete mit größter Flexibilität.

(5) Noname-Verpackungsmaschinen bieten große Formatflexibilität mit verschiedenen Verschlussarten.

(6) Noname-Produktschutzeinrichtungen sind zuverlässige Systeme zum Schutz und zur Haltbarmachung sauerstoffempfindlicher Nahrungsmittel."

Es folgten noch weitere zehn oder fünfzehn Behauptungen, denn um Behauptungen handelt es sich bei diesen Argumenten, die zwar alle zutreffen, aber nicht alle interessieren.

Nehmen wir an, Herr Kunz hat trotzdem geduldig und wohlwollend zugehört. Eine eigene Meinung dazu hatte er noch nicht. Das sieht dann so aus (Schnittpunkt der beiden Gesprächskurven ist jeweils ein Argument):

Gesprächskette: Zu viele Argumente

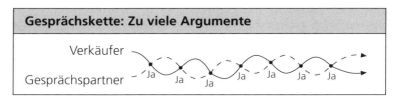

Dieses Beispiel gibt es in der Praxis nicht, weil kein Interessent oder Kunde eine solche im Monolog vorgetragene, langweilige Aufzählung geduldig anhören würde.

Beispiel 3:

2. Versuch: Angebot einer Verpackungsmaschine

Argument

(1) „Herr Kunz, wir fertigen und vertreiben weltweit Verpackungsmaschinen von großer Zuverlässigkeit und höchster Qualität."

Kunz denkt: „Na und?"

(2) „Noname ist der kompetente Partner durch Projekt-Planung und Bau von kompletten Produktionsanlagen."

Kunz denkt: „Wir brauchen weder Projektplanung noch komplette Produktionsanlagen."

(3) „Noname-Verpackungsmaschinen ermöglichen für jedes Produkt die sichere, kostengünstige, verbrauchergerechte Verpackung."

Kunz denkt: „Was heißt hier „jedes Produkt"? Wir brauchen das für unser Produkt. Aber schön, vielleicht kommt das ja noch."

(4) „Noname bietet bedarfsgerechte Schlauchbeutelmaschinen für alle Einsatzgebiete mit größter Flexibilität."

Kunz denkt: „Nun reicht's mir. ‚Schlauchbeutelmaschinen'! Was soll das denn?"

Den weiteren Ausführungen hört Herr Kunz nicht mehr zu. Er hat sich für ein „Nein" entschieden und versucht, das Gespräch zu beenden.

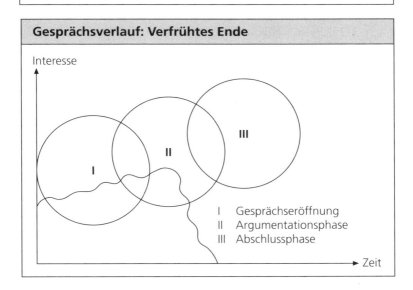

Gesprächsverlauf: Verfrühtes Ende

Interesse

I Gesprächseröffnung
II Argumentationsphase
III Abschlussphase

Zeit

Man braucht nur einen, den passenden Schlüssel

- Zum Aufschließen einer verschlossenen Tür genügt ein passender Schlüssel.

- Zum Aufschließen eines verschlossenen Menschen genügt ein passendes Argument.

- Zum Aufschließen des verschlossenen Menschen brauchen wir das passende Verkaufsargument.

Beispiel 3: _____

3. Versuch: Angebot einer Verpackungsmaschine

Argument:

(1) „Herr Kunz, wir fertigen und vertreiben weltweit Verpackungsmaschinen von großer Zuverlässigkeit und höchster Qualität. Diese Erfahrung würde auch Ihnen zugute kommen. Sie können sich daher auf unsere Kompetenz verlassen. Sehen Sie das auch so?"

Kunz bestätigt: „Ja."

(2) „Noname ist der kompetente Partner durch Projekt-Planung und Bau von kompletten Produktionsanlagen. Ist das für Sie interessant?"

Kunz sagt: „Nein."

„Herr Kunz, können wir einen Termin vereinbaren, an dem wir Ihnen und Ihren zuständigen Mitarbeitern die Maschine in unserem Werk Waiblingen vorführen?"

Kunz stimmt zu: „Ja."

Wichtig: Ein „Nein" oder auch mehrfaches „Nein" während des Verkaufsgesprächs schadet nicht. Kommt ein Argument nicht an, dann lassen Sie dieses Argument sofort wie eine heiße Kartoffel fallen; nicht darauf bestehen; sofort ein neues Argument bringen. Kommt ein Argument sehr gut an, dann halten Sie daran fest wie eine Klette.

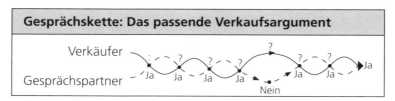

Gesprächskette: Das passende Verkaufsargument

Verkäufer

Gesprächspartner

124

Die Argumentation sollten Sie nicht mit neuen Argumenten unnötig verlängern, denn das könnte das „Ja" in letzter Minute in ein „Nein" verwandeln.

4. Werden Sie aktiv!

Ihre persönlichen Erkenntnisse

- Meine drei wichtigsten neuen Erkenntnisse sind:

  . . . .

  . . . .

  . . . .

  . . . .

- Folgende Erkenntnisse sind mir aufs Neue bewusst geworden:

  . . . .

  . . . .

  . . . .

  . . . .

- Das werde ich in den kommenden Wochen bewusst anwenden:

  . . . .

  . . . .

  . . . .

  . . . .

ERFOLGSSPIRALE

Vorschlag Angebot

gut ankommen

guter Eindruck

Frage nach IST-Situation

Argumentationstreppe: Vorteil - Nutzen - Motiv

positives Eingehen auf Einwände

Frage nach Zustimmung

Auswahl der drei passenden Argumente

Jein-loben-ja

loben-JA

Dank für Zustimmung!

Überzeugungshilfen

10

Man möge bedenken, dass man andere ertragen soll,
wie man selbst ertragen zu werden wünscht.

Jeremias Gotthelf

1. Einwände sind nützlich!

Jeder Arzt für Allgemeinmedizin wird Ihnen sagen können, wie lange Ihr Körper in etwa braucht, um eine bestimmte Mahlzeit zu verdauen.

Kein Psychologe wird Ihnen sagen können, wie lange ein Menschengehirn braucht, um eine Ihrer Ideen zu „verdauen". Das kann sofort geschehen. Das kann ein paar Minuten, Tage, Monate, ja, das kann sogar Jahre dauern.

Jeder Arzt für Allgemeinmedizin wird mit Bestimmtheit sagen können, was Sie Ihrem Körper antun, wenn Sie zu viel, vielleicht noch dazu Unbekömmliches, essen oder trinken.

Kein Psychologe wird Ihnen mit Bestimmtheit sagen können, wie Ihr Kunde darauf reagiert, wenn Sie ihn mit Ihren Hinweisen und Ideen überfüttern, womöglich noch dazu in einer Ausdrucksweise, die er nicht versteht.

Erfolgs-Tipp:

- Solange Ihr Gesprächspartner Ihre Meinung nicht vollständig akzeptiert, wird er Ihnen nicht zustimmen.

- Sie müssen daher in Ihrem Überzeugungsgespräch immer wieder fragen, um herauszufinden, ob Ihr Gesprächspartner Sie verstanden hat und ob er Ihnen zustimmt. Sie müssen ihm geduldig zuhören!

Viele Verkäufer wissen das. Aber sogar sie fragen dennoch nicht – oder fragen und beantworten ihre Fragen selbst, weil sie Angst haben, mit ihren Fragen Einwände auszulösen.

Taktisch klug: Einwände anregen

Bereits 1973 schrieb Paul Feldmann: „Der angehende Verkäufer ist in vielen Fällen von dem Vorurteil erfüllt, dass der potenzielle Kunde sein natürlicher Gegner sei, dass er seinen Kunden aus Angst vor dem Versagen mit nicht erkannter Aggression begegnet, dass er das ‚Nein' seines Kunden fürchtet. Verheerend wirken sich Vorurteile aus, die Verkaufserfolge hingen von der Menge der behaupteten Plus-Äußerungen des Verkäufers über sein Angebot ab. Gerade das Gegenteil ist richtig. Der Verkäufer muss nämlich geschickt die Einwände herausholen."

Wichtig: Tun Sie alles, was möglich ist, die im Kunden verborgenen Einwände herauszulocken. Nur erkannte Einwände helfen weiter. Der potenzielle Käufer muss Ihnen seine Bedenken und Vorbehalte mitteilen. Erst dann können Sie ihn so nachhaltig von der Nützlichkeit Ihres Angebots überzeugen, dass er die maßgeblichen Pluspunkte erkennt. Haben Sie das erreicht, wird er zustimmen oder, falls das Projekt von ihm erst noch intern verkauft werden muss, wird es ihm – hoffentlich – gelingen, diese positiven Argumente im Unternehmen als seine eigenen zu verkaufen und zu veranlassen, dass Ihnen der Auftrag erteilt wird.

Damit aus dem Einwand des Kunden seine Zustimmung wird, benötigen Sie allerdings verlässliche Regeln und eine brauchbare Technik, mit der Sie die Einwände in Überzeugungshilfen verwandeln.

2. Regeln für den Umgang mit Einwänden

1. Regel: Positive Einstellung

Einwände sind positiv, weil sie zur Sprache bringen, was dagegen spricht. Solche, die nur gedacht werden oder durch eigenes Fehlverhalten verursacht sind, wirken negativ.

2. Regel: Aktiv zuhören

Zuhören heißt:

- Nicht widersprechen, nicht unterbrechen, nicht ins Wort fallen.

Sichtbar aktiv zuhören heißt:

- zuhören, dabei Augenkontakt halten, kleine, verständnisvolle, sogar zustimmende Gesten andeuten,

- eventuell fragen, ob Notizen erlaubt sind, Stichworte notieren.

Hörbar aktiv zuhören heißt:

- zuhören mit Kommentaren wie ach so, das ist interessant, hm, hm.

3. Regel: Das Motiv hinter dem Einwand suchen

Wenn der Gesprächspartner sagt: „Das brauchen wir nicht", was meint er „in Wahrheit"? Vielleicht

- ist das, was Sie anbieten, schon vorhanden?

- will er bei einem anderen Zulieferer kaufen?

- ist auf Grund von Veränderungen der Bedarf nicht mehr gegeben?

4. Regel: Eine kleine Pause einschieben

Antworten Sie erst nach einer kleinen Pause von ein, zwei Sekunden. Das bewahrt Sie davor, „wie aus der Pistole", damit unglaubwürdig, zu reagieren. Ohne die „kleine Pause" könnte Ihr Partner vermuten, Sie hätten ihm gar nicht richtig zugehört und kämen jetzt mit einer auswendig gelernten „Patentantwort".

Außerdem schützt die kleine Pause Sie davor, unbeherrscht, womöglich sogar im falschen Ton, zu reagieren.

5. Regel: Mit fester, sicherer Stimme antworten

Dies setzt Sicherheit voraus. Nicht die Art der Wortwahl, aber der Kern der Aussage muss abrufbereit in Lernstufe IV zur Verfügung stehen. Sie erreichen das durch Anlegen und gelegentliches Durchblättern der schon erwähnten Einwandskartei (siehe Seite 75).

6. Regel: Antwort auf späteren Zeitpunkt verschieben

Sie können nicht alles wissen. Wenn Sie etwas nicht wissen, geben Sie es zu. Versprechen Sie, später darauf zurückzukommen. Halten Sie Ihr Versprechen!

Es fällt schwer, diese Regeln zu beachten

Sie werden keine Schwierigkeiten haben, die Regeln im Gedächtnis zu behalten. Allerdings – sie zu beachten, ist etwas anderes! Ich halte das konsequente Anwenden der Einwandsregeln für das schwerste Stück Arbeit im Überzeugungsgespräch überhaupt.

Jedermann weiß: Zum Fußballspiel gehört der „Neutrale". Jeder Neutrale steckt vor dem Spiel ein paar gelbe und rote Karten in die Hosentasche. Nun mögen Profifußballer ihr Geld vorwiegend mit Beinarbeit verdienen. Aber sie sollten doch auch fähig sein, die wenigen Regeln des Fußballspiels zu beachten. Warum muss der Neutrale immer wieder jemandem die gelbe Karte zeigen oder sogar mit der roten Karte einen der Spieler vom Platz verweisen?

Da haben wir es: Sich der Regeln zu erinnern, ist nicht das Problem. Sie zu beachten ist es!

Vor vielen Jahren wurden die für Menschen gültigen Verhaltensregeln in Stein gemeißelt und für alle sichtbar auf dem Berg Sinai aufgestellt. Die Zehn Gebote nannte Moses seine Regeln. Eine Menge Ärger könnten die Menschen vermeiden, wenn sie gegen diese paar Regeln nicht fortwährend verstießen. Eine Erklärung hierfür finden Sie im achten Grundgesetz der Lebensentfaltung von Nikolaus B. Enkelmann: „Im Streit zwischen Gefühl und Intellekt siegt immer das Gefühl."

Wer unsicher ist, wer um seinen Erfolg bangt, wer Angst hat, verspannt ist, nervös und unkonzentriert verhandelt, der ist intellektuell blockiert. Er reagiert nicht mehr logisch, wie es die Regeln nahe legen, sondern negativ emotionell. Das ist die Schwierigkeit. Hinzu kommt: Wie wir wissen, gibt es nur wenige Einwände. Man hört den Beginn des Einwands, weiß schon, was kommt, und fällt dem anderen – oft widersprechend – ins Wort. Aus!

3. Erfolgreich mit der richtigen Technik

Sie kennen das „Ja, aber …" Würde es Ihnen gefallen, wenn jemand auf Ihren Einwand mit „Ja" antwortet, und gleich darauf sein „Ja" mit einem „aber" wieder zurücknimmt? Ich halte das für nicht sehr gut. Besser gefällt mir Folgendes:

Erfolgstechniken bei Einwänden

- **Die bedingte Zustimmung**
  „Gewiss, so könnte man das sehen …"
  „Wenn man bedenkt, was Sie schon alles versucht haben …"
  „Aus Ihrer Sicht ist das durchaus verständlich …"
  „Da müssen Sie ja schlimme Erfahrungen mit uns gemacht haben …"

- **Ja, und …**
  „Ja, und das ist für Sie ein wichtiger Punkt …"
  „Ja, und das müssten wir noch klären …"
  „Ja, und das ist der Arbeitsablauf, der dann möglich wäre …"
  „Ja, und so würde das dann aussehen …"

- **Fragen**
  „Sie erwähnten, dass Sie damit schon einmal Schiffbruch erlitten haben. Könnten Sie mir sagen, was da im Einzelnen passiert ist?"

Zu diesen Techniken ein paar Beispiele:

Beispiel 1:

„Tanzschule, das interessiert mich überhaupt nicht, so etwas Altmodisches, Steifes. Damit kannst du mir gestohlen bleiben!"

Falsche Antwort, Widerspruch

„Aber hör mal! Wo sind wir denn? Ich bin dein Vater, und wenn ich dir etwas vorschlage, dann ist das gut für dich, jedenfalls immer noch weit besser als diese verräucherte Krachbude, diese Disko."

Richtige Antwort, bedingte Zustimmung

„Aus deiner Sicht kann ich deine Einstellung durchaus verstehen. Hast du dir deine Meinung selbst gebildet, oder hast du mit jemandem, der eigene Erfahrung hat, darüber gesprochen?"

Richtige Antwort, Ja, und …

„Ja, und deswegen schlage ich dir vor, dass wir uns das am Donnerstag oder Dienstag mal ansehen, damit du aus eigener Erfahrung urteilen kannst. Wäre Dienstag in Ordnung?"

Richtige Antwort, fragen

„Ach, wie kommst du darauf?"

Beispiel 2:

„Urlaub im Wohnwagen, das kommt überhaupt nicht in Frage, mit mir nicht! Camping-Urlaub! Kannst dir ja gleich ein Zelt kaufen."

Falsche Antwort, Widerspruch

„Ich verstehe dich nicht. Du hast doch keine Ahnung, wie schön Urlaub im Wohnwagen sein kann. Aber mit dir kann man ja nichts besprechen! …"

Beispiel 3:

„Eine neue Verpackungsmaschine kommt überhaupt nicht in Frage, jedenfalls nicht in absehbarer Zeit. Unsere Maschine arbeitet absolut zuverlässig. Vor 30 Jahren, als ich sie einführte, wurde eben noch Qualität geliefert. Heute? Na, was da geschludert wird!"

Falsche Antwort, Widerspruch

„Aber hören Sie mal, wir liefern beste Qualität! Dafür sind wir weltweit bekannt. Nicht nur unsere technischen Leistungen sind natürlich tausendmal effizienter als die vor 30 Jahren. Wir sind doch nicht seit damals stehen geblieben!"

Richtige Antwort, bedingte Zustimmung

„Was Sie nicht sagen, 30 Jahre ist das her und Sie sind immer noch zufrieden! Da haben Sie einen guten Griff getan. Vielleicht vergleichen Sie einmal in unserem Werk Waiblingen, was heutige Verpackungstechnik – außer der selbstverständlichen Zuverlässigkeit – bietet. …"

Richtige Antwort, Ja, und …

„Ja, 30 Jahre – und immer noch dieselbe Maschine, Kompliment! Da haben Sie damals gut entschieden – und solch eine Entscheidung steht jetzt wieder an. Wie wär's, wenn Sie …"

Richtige Antwort, fragen

„Das ist interessant! Dreißig Jahre, eine sehr lange Zeit für eine Verpackungsmaschine. Könnten Sie mir mal die Maschine im Einsatz zeigen …?"

Ziele der Einwandbehandlung

Einwände – positive natürlich – sind Ihre Überzeugungshilfen, wenn Sie diese Ziele der Einwandsbehandlung beachten:

Sympathie vermitteln

Ihr Gesprächspartner soll bei dem Eindruck bleiben, den er von Ihnen hatte. Dieser Eindruck heißt:

„Mein Vater ist ein toller Mann!"

„Mein Mann/meine Frau ist ein Schatz!"

„Herr Nützlich ist ein sympathischer Verkäufer."

Den Gesprächspartner interessieren

Interessieren können Sie, wenn Sie Verständnis zeigen, fragen, zuhören.

Den Gesprächspartner überzeugen

Überzeugen werden Sie, wenn Sie das interessierende Argument ins Gespräch bringen, das den Gesprächspartner bewegende Motiv erkennen und ansprechen und Zustimmung erfragen.

Es ist schon richtig, die eigene Lebenserfahrung, eigene Stärken und Qualitäten nicht außer Acht zu lassen. Das Sprichwort „Eigenlob stinkt" ist ein dummes Sprichwort.

Ich bin mehr für dieses: „Wir sollten unser Licht nicht unter den Scheffel stellen." Stellen wir es oben drauf, damit es jeder sehen kann. Aber dabei dürfen wir nicht übertreiben. Wir müssen glaubwürdig bleiben.

4. Kaufsignale geschickt nutzen

Nach einem Probe-Urlaub mit einem gemieteten Wohnwagen hat Ehepaar Kunz beschlossen: Wir kaufen einen Wohnwagen. Eines Tages ist es soweit. Gemeinsam besuchen sie einen Händler. Kunzs wissen ziemlich genau, was sie wollen. Das bis in Einzelheiten gehende Gespräch zwischen ihnen und dem Verkäufer findet im Wohnwagen-Typ statt, den sie kaufen wollen. Es endet so:

Beispiel 1:

Frau Kunz: „‚Drei-Flammen-Herd', da kann man ja nur drei ziemlich kleine Töpfe benutzen. Kann ich den Herd auch mit nur zwei, dafür größeren Herdplatten bekommen?"

Verkäufer: „Nein, Zwei-Flammen-Herde gibt es für dieses Modell nicht."

Frau Kunz: „Bekommt man bei Ihnen auch für den Wohnwagen geeignetes Geschirr?"

Verkäufer: „Aber natürlich!"

Frau Kunz: „Auch Gläser?"

Verkäufer: „Selbstverständlich."

Herr Kunz:	„Sagen Sie, es gibt doch jetzt auch Zulassungen, mit denen man bis zu 100 km/h schnell fahren darf. Gilt das auch für dieses Modell?"
Verkäufer:	„So kann man das nicht sagen. Das hängt auch vom Zugwagen ab."
Herr Kunz:	„Ach so. – Bei mir zu Hause kann ich den Wohnwagen nicht abstellen. Können Sie mir sagen, wo ich in der Nähe einen Abstellplatz finde und was das monatlich kostet?"
Verkäufer:	„Da müssen Sie mal im Büro nachfragen. Aber wie hoch die Stell-Gebühr ist, wissen wir nicht. Da müssen Sie selbst mit dem Vermieter sprechen."
Herr Kunz:	„Na gut. Danke schön. Wir melden uns dann. Auf Wiedersehen."
Verkäufer:	„Ja aber … ich dachte, Sie würden … wollten Sie nicht?"
Vorbei.	

Das Gespräch hätte auch diesen Verlauf nehmen können:

Beispiel 2:

Frau Kunz:	„‚Drei-Flammen-Herd', da kann man ja nur drei ziemlich kleine Töpfe benutzen, kann ich den Herd auch mit nur zwei, dafür größeren Herdplatten bekommen?"
Verkäufer:	„Sie haben Recht, Frau Kunz. Aber in der Praxis haben sich die Drei-Flammen-Herde im Vergleich zu den früher üblichen Herden mit zwei Flammen bewährt. Sie haben mehr Variationsmöglichkeiten. Wenn Sie beispielsweise eine ovale Fischbratpfanne benutzen, stellen Sie die einfach etwas

quer auf zwei Flammen. Da gart der Fisch besser, als würde die Pfanne nur in der Mitte von einer größeren Herdplatte erhitzt werden. Sehen Sie das auch so?"

Frau Kunz: „Ja, das leuchtet mir ein. Übrigens, bekommt man bei Ihnen auch für den Wohnwagen geeignetes Geschirr?"

Verkäufer: „Aber selbstverständlich! Geschirr und auch Gläser usw., alles, was Sie brauchen. Schauen Sie doch mal in diesen Katalog. Hübsch, nicht wahr? Sogar elegant und preiswert, vor allem aber bruchsicher! Vielleicht suchen Sie nachher in den Ausstellungsräumen gleich das aus, was Ihnen gefällt, ja?"

Frau Kunz: „Gerne."

Herr Kunz: „Sagen Sie, es gibt doch jetzt auch Zulassungen, mit denen man bis zu 100 km/h schnell fahren darf. Gilt das auch für dieses Modell?"

Verkäufer: „Das ist richtig. Aber ob diese Zulassung für Sie gilt, hängt ab von den Abmessungen des Wohnwagens sowie dem Gewicht und der Leistung des Zugwagens. Wir können das anhand Ihrer Wagenpapiere sogleich feststellen, sollen wir das?"

Herr Kunz: „Ja – aber da ist noch etwas: Bei mir zu Hause kann ich den Wohnwagen nicht abstellen. Können Sie mir sagen, wo ich in der Nähe einen Abstellplatz finde und was das monatlich kostet?"

Verkäufer: „Ja, natürlich. Falls Sie keine weiteren Fragen haben, gehen wir jetzt ins Büro. Von dort können Sie wegen des Stellplatzes anrufen, um zu erfahren, ob etwas frei ist und was der Stellplatz kostet. Inzwischen prüfe ich, ob Sie die 100 km/h Zulassung beantragen können. Sie müssten dann nur noch den Kaufvertrag unterschreiben. Zulassung, Kennzeichen usw. besorgen wir. Einverstanden?"

Herr Kunz: „Einverstanden."

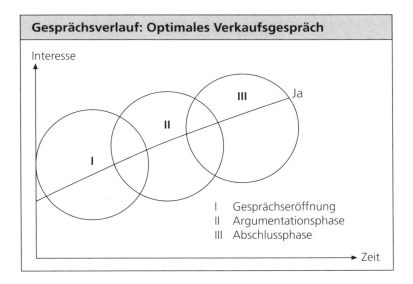

Gesprächsverlauf: Optimales Verkaufsgespräch

Interesse

III — Ja

II

I

I Gesprächseröffnung
II Argumentationsphase
III Abschlussphase

Zeit

Vielleicht war Ihnen der richtige Umgang mit Kaufsignalen schon bekannt. Ich bin so ausführlich darauf eingegangen, weil ich unter Verkäufern, die sogar seit Jahren ihren Beruf ausgeübt hatten, nur hin und wieder einen gefunden habe, der die Regel kennt und – vor allem – auch anwendet.

Übung: Kaufsignale

Notieren Sie einige voraussehbare oder – falls Sie Verkaufen als Beruf ausüben – für Ihre Branche typische Kaufsignale. Notieren Sie ebenfalls Ihre Antwort. Sie ist entweder eine Zustimmung, also ein „Ja", oder auch – was durchaus in Ordnung ist – ein „Nein".

Auf keinen Fall dürfen Sie Ihre anschließende Frage vergessen! Sie führt stets zum nächsten Teilbeschluss. Der letzte Teilbeschluss ist das „Ja" zur Zustimmung oder zum Auftrag.

So nützen Sie Kaufsignale

Die Regel für den Umgang mit Kaufsignalen heißt im ersten Teil: „Ja" oder „Nein" oder Kurzantwort. Der fragende Kunde erwartet mit Recht eine Antwort. Bitte antworten Sie niemals mit einer Gegenfrage. Wie Sie wissen, mag kein Mensch Gegenfragen, Sie auch nicht! Vorsichtshalber hierzu noch ein Negativ-Beispiel:

Beispiel 1:

Kunz: „Haben Sie dieses Modell auch als Vorführwagen, ich meine, etwas billiger im Angebot?"

Verkäufer: „Was ist denn Ihre Preisvorstellung?"

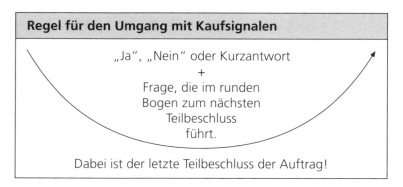

Regel für den Umgang mit Kaufsignalen

„Ja", „Nein" oder Kurzantwort
+
Frage, die im runden
Bogen zum nächsten
Teilbeschluss
führt.

Dabei ist der letzte Teilbeschluss der Auftrag!

Die Teilbeschlüsse aus dem vorstehenden Beispiel heißen:

- „… da gart der Fisch besser … sehen Sie das auch so?"

- „… vielleicht suchen Sie … aus, was Ihnen gefällt, ja?"

- „… ob die Zulassung für Sie gilt … sollen wir das prüfen?"

- „… Zulassung usw. besorgen wir … einverstanden?"

Nicht-verbale Kaufsignale

Neben den verbalen gibt es optische Kaufsignale. Sie sind besonders für den professionellen Verkäufer wichtig. Hierzu einige Hinweise:

Personenbezogene Kaufsignale

Der Gesprächspartner

- beugt sich vor.
- nimmt etwas in die Hand, was Sie auf den Tisch gelegt haben.
- greift zum Telefon, um jemanden hinzuzurufen.
- holt aus einer Schublade etwas, was zum Gespräch gehört.

Optische Kaufsignale können aber auch Äußerlichkeiten und besondere Umstände sein.

Allgemeine optische Kaufsignale

- Der Lieferwagen Ihrer Konkurrenz steht auf dem Hof.
- Ein Werbeprospekt oder ein Produktkatalog Ihrer Konkurrenz liegt auf dem Tisch.
- Ein Aufsteller sagt: „Wir stellen ein …"
- Neue Arbeitsplätze werden eingerichtet.
- In einigen Abteilungen werden regelmäßig Überstunden geleistet.
- Informationen aus der Zeitung.

---

5. Werden Sie aktiv!

Ihre persönlichen Erkenntnisse

- Meine drei wichtigsten neuen Erkenntnisse sind:

    . . . .

    . . . .

    . . . .

- Folgende Erkenntnisse sind mir aufs Neue bewusst ge-worden:

    . . . .

    . . . .

    . . . .

- Das werde ich in den kommenden Wochen bewusst an-wenden:

    . . . .

    . . . .

    . . . .

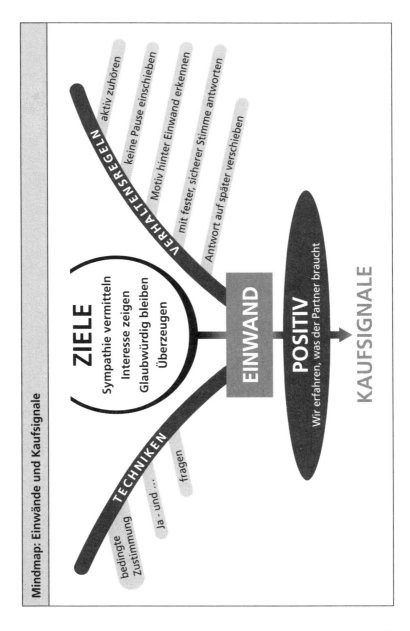

Erfragen: Zustimmung und Auftrag

11

1. Was kauft der Kunde, wenn er kauft?

Jemand greift nach einer Schachtel Streichhölzer. Wozu braucht er ein Streichholz? Will er etwas anzünden? Oder will er vielleicht ein Autoschloss auftauen? Will er abendlichen Gästen ein Streichholz-Kunststück vorführen? Will er es unter ein zu kurzes Tischbein schieben? Oder will er mit einem Streichholz die am Werkzeugschrank nicht schließende Tür festklemmen?

Jemand benutzt einen PC. Wozu braucht er den PC? Ich schreibe diesen Text mit einem PC.

Glauben Sie, ich könnte mit demselben PC und demselben Programm auch andere Textanordnungen schreiben? Natürlich, sogar sehr viele. Aber ich brauche sie nicht.

Ich könnte den PC auch für ganz andere Arbeitsabläufe gebrauchen, beispielsweise für die Buchhaltung oder zur Einkommensteuer-Erklärung. Aber das brauche ich auch nicht.

Also verwende ich den falschen PC, einen PC, der mit viel zu vielen Programmen ausgestattet ist, die ich nicht brauche.

Eigentlich hätte ich einen PC kaufen sollen, der nur das Programm hat, das ich benötige. Sicherlich wäre es für mich preisgünstiger gewesen. Doch leider gibt es das nicht.

2. Den benötigten Nutzen anbieten

Wenn ein Produkt mehr bietet als nötig, dann fragen Sie erfahrungsgemäß trotzdem nicht, warum das so ist – Sie sind es gewohnt, denn das trifft auf fast jedes Industrieprodukt zu. Aber wenn Sie ganz unnötigerweise darauf hingewiesen werden, dann könnte es schon sein, dass Sie aufmucken oder nicht kaufen, obwohl Sie's eigentlich wollten.

Beispiel:

Eines Tages – PCs gab's damals noch nicht – wollte ich meinen Magnetkarten-Schreiber gegen das gerade als „Non-plus-ultra-Schreibsystem" auf den Markt gekommene Bildschirm-Schreibsystem auswechseln. Ich meldete mich telefonisch zu einer Vorführung an, sagte dabei gleich, was mich interessierte, und nannte die Einsatzgebiete etwa so: Mich interessiert das Eingeben längerer Texte. Schema-Texte mit Anschriften mischen kommt bei mir nicht vor. Da ich jährlich nur etwa 25 Rechnungen schreibe, brauche ich dafür auch kein Programm. Aber ein Korrekturprogramm wäre nicht schlecht. Das wiederholte ich nochmals unmittelbar vor der Präsentation.

Die Vorführdame legte mir daraufhin ihr Musterbuch auf den Tisch, strahlte mich an und sagte:

„Herr Döring, ich weiß, im Moment brauchen Sie das nicht. Aber das ist so toll, das muss ich Ihnen einfach zeigen", und zeigte mir Text-Mischen und Schreiben von Rechnungen! Ich wollte das System trotzdem kaufen. Da wurde ich auf die unterschiedlichen Zusatzeinrichtungen und Möglichkeiten der Zahlungsweise aufmerksam gemacht. Ich wollte immer noch kaufen und bar bezahlen. Jetzt schaltete sich aber der Verkäufer ein und riet mir: „Wissen Sie, überlegen Sie sich das ganz in Ruhe. Wir schicken Ihnen ein ausführliches Angebot, aus dem Sie alles ersehen können, auch die von Ihnen gewünschte Zahlungsweise."

Das Angebot kam. Das System habe ich nie gekauft. Ich blieb bei meinem Magnetkartenschreiber, den ich eines Tages durch einen PC ersetzte.

Wichtig: Vergessen Sie im Verkaufsgespräch niemals, um was es geht:

- Wozu sagt mein Sohn „Ja", wenn er „Ja" sagt?

- Was wird meine Frau besonders freuen, wenn Sie „Ja" zum Camping-Urlaub sagen soll? Würde sie mit dem Vorschlag „Wohnwagen" einverstanden sein oder lieber im Wohnmobil Urlaub machen?

- Was kauft mein Kunde, wenn er kauft? Was braucht er wirklich?

Wenn Sie das herausgefunden haben, dann bleiben Sie bei dem, was er braucht, und verkaufen Sie ihm das, was er sich wünscht!

Praxis-Tipp:

Je eindeutiger der Kunde etwas Bestimmtes will, desto unbedeutender wird für ihn der dafür zu bezahlende Preis.

Unsinn ohne Nutzen

Vielleicht verzichten viele nicht mehr im Berufsleben stehende Menschen aufs Internet, weil sie nicht wissen, was sie damit anfangen sollen? „Aber das wird ihnen doch täglich von der Fernsehwerbung ausführlich mitgeteilt!", könnten Sie einwenden. Das ist richtig; aber die angepriesenen vielfältigen Nutzen interessieren diese Menschen nicht. Im Gegenteil. Urteilen Sie selbst:

- Sie können über Internet Ihre Lebensmittel einkaufen, brauchen nicht mehr aus dem Hause zu gehen. Alles wird angeliefert.

- Kontostand abrufen, Überweisungen abgeben? Sie müssen nicht persönlich zur Bank, auch nicht wegen Ihrer Geldanlage.

- Sie wollen ein Buch kaufen, CDs, ein Auto?

- Vielleicht wollen Sie eine Flugreise buchen oder wollen erfahren, wie Sie mit der Bahn am günstigsten Ihr Ziel erreichen?

Läuft alles über Maus-Klick! „Was ist ‚Maus-Klick'?", fragt ein nicht mehr ganz junger Mensch, und denkt:

- Aber das will ich ja gar nicht! Ich will aus dem Haus.
- Ich will mir ansehen, was ich für Lebensmittel kaufe.
- Ich will mit dem Verkaufspersonal sprechen.
- Ich will im Buchladen kramen und mich beraten lassen.
- Ich will nicht zu Hause darauf warten, dass mir etwas angeliefert wird und ich das auch noch zusätzlich bezahlen muss.

Wichtig: Nach dem Auftrag fragen

Das endgültige „Nein" haben viele Verkäufer, die von der „Argumentations-Treppe" noch nie etwas gehört haben oder sie nicht beachten, so oft hinnehmen müssen, dass sie aus Angst vor dem alles ablehnenden „Nein" die Frage nach dem Auftrag gar nicht erst stellen. Sie erwarten, dass der Kunde von sich aus „Ja" sagt – eine fragwürdige Verhaltensweise.

Außerhalb des Verkäufer-Berufs, also im privaten Bereich, sieht es ähnlich aus. Zwar geht es nicht um eine Auftragserteilung, wohl aber um Zustimmung.

Beispiel:

Der Teenager reagiert nach mehrmals erlebtem brüsken „Nein" mit einem resignierenden „Ich wusste, dass man mit euch nicht sprechen kann."

Von nun an fragt er gar nicht erst.

Hätte er sein Anliegen mittels der „Argumentations-Treppe" vorgebracht, hätten die Eltern vermutlich im Sinne positiver Einwandsbehandlung geantwortet, wer weiß, vielleicht wäre daraus sogar ein ganz besonders erfreuliches Eltern/Kind-Verhältnis entstanden.

Das Gleiche gilt für die Beziehungen zwischen Partnern. „Ich verstehe dich nicht – und du willst mich nicht verstehen." Diese ärgerliche Reaktion auf ein „Nein" oder auch nur auf unterschiedliche Ansichten kann im Wiederholungsfall sogar zwischen gut harmonierenden Paaren dazu führen, dass man sich nichts mehr zu sagen hat. Das ist der Anfang vom Ende einer ehemals guten Beziehung und oft zitierter Scheidungsgrund.

Auch hier hätte mit vorsichtigerem Argumentieren (Argumentations-Treppe) und positiver Einwandsbehandlung diese bedauerliche Entwicklung vermieden werden können.

3. Ausschlaggebend: Lob und Dank

Um ein „Nein" zu vermeiden, hilft die Argumentations-Treppe. Auf sie wird der Partner nur selten mit „Nein" reagieren, aber sein „Ja" könnte ein winzig kleines „Ja" oder gar „Jein" sein. Mit anderen Worten: Er hat weder „Ja" noch „Nein" gesagt. Was dann? Hierzu eine kleine Anekdote:

Moritz, knapp ein Jahr alt, liegt im Gitterbett und spielt vergnügt mit seinen Füßen. Plötzlich richtet er sich auf, er versucht zu stehen, fällt aber gleich wieder auf den Po. Er versucht es noch einmal und noch einmal und gibt nicht auf. Er will aus dem Bettchen klettern. Vergeblich. Dabei bleibt er munter und vergnügt und plappert vor sich hin. Schließlich gelingt ihm ein „Mama". Das hört die Mutter. Sie nimmt Moritz aus dem Bett, drückt ihn ans Herz, knuddelt ihn, ruft Vati im Büro an, dann die Freundin, die Oma – „Moritz hat ‚Mama' gesagt!!!"

Irgendwann ist die Euphorie abgeklungen. Mama legt Moritz zurück ins Bett. Moritz ist zum ersten Mal in seinem Leben maßlos frustriert. „So ein Mist", denkt er, plappert „Mama, Mama!" – nichts. Dieses ganz dicke Lob – von der Mama aus dem Bett gehoben, ans Herz gedrückt und geknuddelt – hat Moritz nicht vergessen. Er will aus dem Gitterbett herauskommen und noch einmal so gelobt werden und gibt nicht auf. Ein paar Tage später bringt er ein „Papa" zu Stande. Die Mama hört sein „Papa", nimmt ihn wieder aus dem Bett, ruft alle Bekannten an: „Moritz hat ‚Papa' gesagt, Moritz kann schon sprechen!" Wenig später kann er auch herumkrabbeln und schließlich die ersten Schritte gehen. Er hat es geschafft, wenn auch noch unsicher, aber immerhin, auf eigenen Füßen zu stehen. Er wird ja auch immer wieder durch Lob ermutigt!

Hier meine – auf ersten Anschein hin vielleicht absurde – Empfehlung:

Erfolgs-Tipp:

- Nehmen Sie Ihren Gesprächspartner „aus dem Gitterbett", „knuddeln" Sie ihn, loben Sie ihn einmal und dann noch einmal, und sagen Sie „Danke"!

- Sie verwandeln damit das kleine „Ja" in ein größeres, und das „Jein" in das erwünschte, eindeutig zustimmende „Ja".

Die direkte Abschlussfrage: Beispiele

Verkäufer Nützlich hatte Herrn Kunz und dem ihn begleitenden Verpackungsspezialisten die neue Maschine vorgeführt. Zu fast jedem seiner sorgfältig ausgesuchten Argumente hatte Kunz „Ja" gesagt. Einmal war er nicht einverstanden, sagte „Nein". Aber das verstärkte nur noch den insgesamt positiven Verlauf der Vorführung. Auch die anderen Mitglieder der Gruppe hatten zugestimmt. Nützlich stellte die letzte, entscheidende Frage:

„Herr Kunz, sind Sie mit dem Austausch „neu" gegen „alt" einverstanden?"

Herr Kunz holt tief Luft, zögert. Es geht immerhin um eine Investition von mehr als zwei Millionen Euro. Endlich sagt er:

„Hm, na ja, aber …"

Nützlich hat nichts anderes erwartet.

Nach drei, vier Sekunden vollständigen Schweigens innerhalb der Gruppe sagt er mit zurückhaltender, aber sicherer Stimme:

„Herr Kunz, Ihre Sachkenntnis überrascht mich. Sie mussten ja während der Vorführung den Nutzen von 30 Jahren technischer Entwicklung für Ihr Unternehmen erkennen. Das schafft nicht jeder unserer Kunden, die hierher kommen, in so kurzer Zeit."

Kunz:	„So, meinen Sie? Aber ich muss schon sagen: Beeindruckend war das schon, was ich hier gesehen habe …"
Nützlich:	„Viele sehen nur den Aufwand, nicht den Nutzen, wie Sie."
Kunz:	„Na, da hab' ich vielleicht ein bisschen mehr Erfahrung als einige Abteilungsleiter, die jetzt überall nachrücken."
Nützlich:	„So ist es, Herr Kunz."
Kunz:	„Aber – lassen wir das. Scheint wirklich in Ordnung zu sein, was Sie zu bieten haben. Ja, Ihre Anlage gefällt mir. Also gut, schicken Sie uns Ihr Angebot."
Nützlich:	„Herr Kunz, die Einzelheiten – Termin für Abbau Ihrer bisherigen Anlage, Installation der neuen, Einweisung des Personals usw. erhalten Sie schriftlich in etwa sechs Kalendertagen. Genügt Ihnen das?"
Kunz:	„Ja, das genügt."
Nützlich:	„Danke."

Vorsichtige Variante

Nicht immer verläuft ein Verkaufsgespräch so glatt. Manchmal wird es angebracht sein, noch ein bisschen vorsichtiger zu sein und anstatt der direkten Abschlussfrage: „Danke, Herr Kunz … Genügt

Ihnen das?" beispielsweise nach dem „Ja, Ihre Anlage gefällt mir", das Abschlussgespräch so weiterzuführen:

Nützlich: „Herr Kunz, wann wäre denn ein günstiger Termin zum Austausch Ihrer Anlage gegen die neue, vielleicht während Ihrer Betriebsferien?" (Direkte Frage nach 1. Teilbeschluss.)

Kunz: „Ja, das müsste aber mit allen Beteiligten abgestimmt werden." (1. „Ja")

Nützlich: „Ihr Personal müsste eingewiesen werden. Soll das bei Ihnen nach dem Austausch oder besser schon vorher bei uns erfolgen?" (Alternativ-Frage nach 2. Teilbeschluss.)

Kunz: „Ich meine, bei Ihnen, und während der Anlaufphase vorsichtshalber nochmals bei uns." (2. „Ja".)

Nützlich: „Gut; ich habe das notiert. Herr Kunz, das würde bedeuten, dass wir die technischen Einzelheiten Ende Mai geklärt haben sollten, damit wir am 15. August mit der Installation beginnen können. Halten Sie das für möglich?" (Direkte Frage nach dem 3. Teilbeschluss.)

Kunz: „Ich denke, ja." (3. „Ja".)

Nützlich: „Gut. Wenn die abgesprochenen Termine vom Werk bestätigt würden, wäre dann alles in Ordnung?" (Hypothese-Frage nach 4. Teilbeschluss.)

Kunz: „Ja, ich denke, schon." (4. „Ja".)

Nützlich: Nach telefonischer Rückfrage im Werk: „Herr Kunz, die Termine gehen in Ordnung. Darf ich den Auftrag als erteilt ansehen und Ihnen die Auftragsbestätigung zukommen lassen?" (Direkte Frage nach dem Auftrag.)

Kunz: „Ja." (Endgültiges „Ja" zur Auftragserteilung.)

Nützlich: „Danke."

In dem geschilderten Abschlussgespräch hatte Herr Nützlich das „Ja" zu vier Teilbeschlüssen eingeholt, und zwar in der Reihenfolge

- Direkte Frage
- Alternativ-Frage
- Direkte Frage
- Hypothese-Frage

Nachdem Herr Kunz alle Teilbeschlüsse bestätigt hatte, konnte Herr Nützlich ohne Risiko nach dem letzten Teilbeschluss, der Auftragserteilung, fragen.

Der ultimative Motivationsschub

Wie oft loben Kinder ihre Eltern? Nie? Wir sollten besser nicht „nie" sagen. Aber wenn Kinder ihre Eltern loben, dann sind sie inzwischen meist selbst Eltern geworden. Wie oft werden Menschen während ihrer Arbeit im Beruf gelobt? Selten. Wie oft werden Vorgesetzte, Chefs, Unternehmer gelobt?

So gut wie nie. Kommen sie nach Hause, werden sie oft genug gefragt: „Woher kommst denn du so spät?"

Genau das Gleiche gilt für „Danke". Wie oft sagen Sie oder sagt jemand Ihnen Dank?

Dabei „lechzen" wir alle nach Lob und Dank!

Loben und Danken ist die wirksamste Art zu motivieren, die es gibt! Glauben Sie, dass ein Macher, ein Machtmensch, dem nichts wichtiger ist als Machtausübung, gleichgültig ist gegenüber Lob und Dank? Das glaube ich nicht!

Selbst Machtmenschen brauchen dann und wann ein Lob und Danke und genießen das eine wie das andere, ebenso wie wir, wie alle unsere Mitmenschen.

Deswegen habe ich die „Argumentations-Treppe" um drei weitere Stufen verlängert:

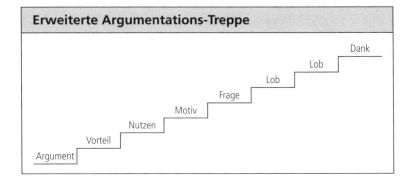

Erweiterte Argumentations-Treppe

- Argument
- Vorteil
- Nutzen
- Motiv
- Frage
- Lob
- Lob
- Dank

4. Werden Sie aktiv!

Ihre persönlichen Erkenntnisse

■ Meine drei wichtigsten neuen Erkenntnisse sind:

. . . .

. . . .

. . . .

■ Folgende Erkenntnisse sind mir aufs Neue bewusst geworden:

. . . .

. . . .

. . . .

■ Das werde ich in den kommenden Wochen bewusst anwenden:

. . . .

. . . .

. . . .

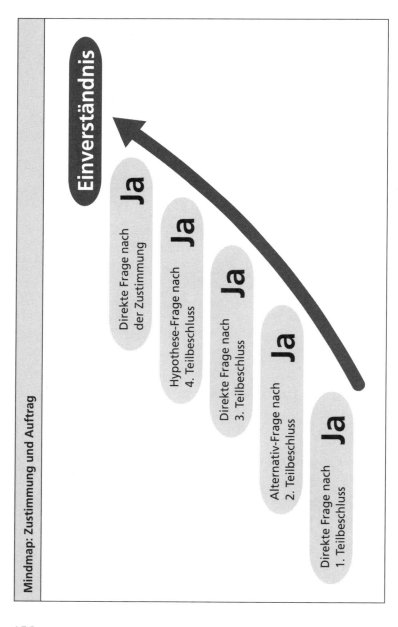

Erfolg macht Spaß

12

Was mich nicht umbringt, macht mich stärker.

Friedrich Nietzsche

1. So will ich künftig leben

Zwischen den beiden Maximen „Ich weiß, was ich will" und „Ich kann, was ich will" liegt für jeden sichtbar aufgeblättert der Leistungs-Katalog aller erfolgreichen Menschen. Zum Erfolg haben beigetragen, was vielen Nicht-Erfolgreichen ein unergründliches Geheimnis bleibt, bei einigem Nachdenken jedoch als ganz banale Voraussetzung für Erfolg deutlich wird:

Erfolgsfaktoren

- Umsetzen ausgewählter Begabungen in Fähigkeiten
- Fleiß, resultierend aus begeistert ausgeführten Aufgaben
- „Möglichkeits-Denker": statt vor angenommenen Grenzen zu kapitulieren, gegebene Möglichkeiten nützen
- Lebensplanung und Zielsetzung
- Bewusster Umgang mit Zeit
- Konzentration auf A-Tätigkeiten
- Arbeiten an Stimme und Sprache – Rhetorik
- Gekonnter Umgang mit sich selbst und den Mitmenschen
- Lebenslanges Lernen

Warum gibt es unter durchaus intelligenten, auf vielen Gebieten tüchtigen Menschen, nicht nur erfolgreiche, sondern im praktischen Leben weniger erfolgreiche Menschen und sogar vollständige Versager?

- Abitur nicht bestanden
- Bei Führerscheinprüfung durchgefallen

- Zum Staatsexamen nicht zugelassen

- Ehe nach drei Jahren geschieden

- Bei Beförderung übergangen

- Im Zuge von Sparmaßnahmen entlassen

- Konkurs angemeldet

- Kein Geld, keinen Mut, keine Hoffnung mehr

Das macht keinen Spaß! Misserfolg macht keinen Spaß. Wer ist schuld an diesem Versagen?

2. Von Pechvögeln und Glückspilzen

Pechvögel machen für alles Missgeschick, das ihnen widerfährt, ihre Mitmenschen und äußere Umstände verantwortlich. Solche Versager streben nichts Bestimmtes an. Da ihnen wenig gelingt, sagen sie:

„Was bin ich doch für ein Pechvogel!" In ihren Augen haben sie einfach „Pech". Ist das wirklich so?

Ich meine: Von den Qualitäten eines sehr erfolgreichen Menschen, von den Leistungen, die er sich selbst abverlangt, haben sie keine Ahnung, und wenn doch, sind sie nicht bereit, diese Voraussetzungen für ihr eigenes Vorwärtskommen zu erfüllen. Sie ziehen es vor, über die böse Welt zu jammern, als dafür zu sorgen, dass sie anderen erfolgreiches Vorbild sind. Sozialleistungen sind ihnen wichtig, Verantwortung fürs eigene Leben weniger.

Ganz anders sind da die Glückspilze. Diese Erfolgreichen beginnen den Tag in dem Bewusstsein: „Heute ist ein schöner Tag. Ich freue mich, dass ich lebe!", und sie strahlen wie die Sonne!

Ihnen gelingt, was sie wollen, aber sie wissen auch: Im Labyrinth der sich anbietenden Möglichkeiten des neuen Tages voranzukommen, setzt planmäßiges Handeln voraus. Dabei denken sie nicht nur an heute und morgen, sondern an das ganze vor ihnen liegende Leben: „Ich weiß, was ich will" ist das Fundament ihrer Lebensplanung. Das stärkt ihr Selbstbewusstsein und ihre Motivation. Das lässt sie erkennen: „Ich kann, was ich will. So will ich künftig leben."

3. Neue Software für das Gedächtnis

Vielleicht trauen Sie Ihrem Gedächtnis beispielsweise Lernen einer Fremdsprache oder den Umgang mit „Internet" nicht mehr zu, weil Sie sich selbst oder andere Ihnen eingeredet haben, dass Sie, als Endfünfziger oder gar noch älter, dafür schon viel zu betagt sind. Glauben Sie, dass Menschen wie Johann Sebastian Bach, Johann Wolfgang von Goethe, Robert Koch, Mahatma Ghandi, Albert Einstein oder Pablo Picasso und Dr. Konrad Adenauer sich selbst oder ihren Mitmenschen erlaubt hätten, ihnen so etwas zu suggerieren? Diese Menschen, stellvertretend genannt für aberhundert andere bekannte Vorbilder, haben bis zum letzten in Gesundheit verbrachten Atemzug gelernt und gearbeitet. Bach, schon erblindet, veranlasste sogar noch vom Sterbebett aus die Korrektur der Druckvorlagen seines phänomenalen Werkes „Die Kunst der Fuge".

Nun gut, Sie und ich sind keine Genies. Aber die Erforschung unseres Gehirns hat bisher ergeben: Zwanzig Milliarden Nervenzellen, durch 500 000 km Nervenfasern zehntausendfach zu einem Netz von ca. 200 Billionen Schaltstellen (Synapsen) verknüpft, sorgen dafür, dass wir gezielt denken und uns erinnern können.

Schon drei Jahre nach der Geburt ist die Entwicklung dieses gigantischen Netzwerks abgeschlossen. Die Zellteilung der Nervenzellen ist beendet. Die „Hardware" Gehirn ist fertig.

Aber abgesehen von Gehirnleistungen, die kein Computer auch nur im Ansatz bieten könnte, enthielt Ihr Gehirn schon damals, als Sie gerade das dritte Lebensjahr beendet hatten, diesen immensen Speicher, der seinesgleichen nicht hat. Seit Ihrem vierten Lebensjahr verfügen Sie also über ein unermesslich großes, noch fast leeres Gedächtnis. Dieses Gedächtnis wartet darauf, unablässig mit weiteren, Lebenserfolg bringenden Programmen aufgefüllt zu werden. Es wartet auf mehr Software!

Beständig den Speicher füllen

Kann in Anbetracht solcher Erkenntnis ein geistig noch gesunder Mensch zu Recht behaupten, er sei zu alt, um noch zu lernen? Nein, das Lebensalter hindert uns nicht zu lernen, wohl aber der Abschied vom Leben. Wir haben hundert Jahre Zeit, nicht mehr, eher weniger. Wir müssen daher – ebenfalls unser Leben lang – entscheiden, was wir lernen wollen, und dieses Lernprogramm auch ausführen.

Achtung: Wer nicht ständig weiterlernt, braucht nicht erstaunt darüber zu sein, dass die täglich neu entstehenden Möglichkeiten, die neuen Chancen, ja das ganze vielgestaltige Angebot einer sich permanent weiterentwickelnden Welt, an ihm vorbeirauscht. Er hat keinen Grund, verbittert darüber zu sein, dass die Gesellschaft ihn nicht mehr braucht. Er ist selbst schuld daran.

4. Rhetorik: Ein Erfolgsgarant

„Worte sind Schall und Rauch. Das Verständliche an der Sprache ist nicht das Wort allein, sondern der Ton, Stärke, Modulation und Tempo, mit dem eine Reihe von Worten gesprochen wird, kurz, die Musik hinter den Worten, die Leidenschaft hinter dieser Musik, die Person hinter dieser Leidenschaft, also alles, was nicht geschrieben werden kann." (Friedrich Nietzsche)

Die Stimme

Achten Sie bitte gelegentlich auf die Stimmen Ihrer Mitmenschen. Was werden Sie erkennen?

- Jede Stimme unterscheidet sich von allen anderen.
- Die meisten Stimmen sind eben Stimmen; man hört und versteht sie. Beeindruckend sind sie nicht.
- Es gibt unangenehme Stimmen.
- Es gibt angenehme Stimmen.
- Es gibt – überraschenderweise – nichts sagende Stimmen gerade unter sehr intelligenten Menschen.
- Es gibt Stimmen, die aufhorchen lassen.

Die Sprechweise

Achten Sie auch auf die Sprechweise Ihrer Mitmenschen. Das werden Sie erkennen:

- Alle Menschen sprechen anders.
- Manche versteht man schlecht.
- Es gibt Menschen, deren Sprechweise primitiv ist.
- Einige machen es Ihnen schwer, zuzuhören.
- Es gibt auch solche, denen zuzuhören Spaß macht.

Erfolgs-Tipp:

- Wenn Sie zeitlebens den eigenen Erfolg genießen wollen, arbeiten Sie an Ihrer Stimme! Besser, grundlegender können Sie Erfolg nicht vorbereiten.
- Lernen Sie, beeinflussend und überzeugend zu sprechen. Überlassen Sie es nicht dem Zufall, wie Ihre Sprache auf andere Menschen wirkt.

5. Umgang mit sich selbst

Auch weniger erfolgreichen Menschen gelingt hin und wieder ein bedeutender Erfolg. Manchmal bringt ihn der Zufall, beispielsweise einen großen Lotto-Gewinn. Diese „Glückspilze", wie man sie nennt, reagieren darauf oft so:

- Erst mal eine Kaffeepause einlegen, dazu Zigarette anstecken.

- Dann ausrechnen, was dabei herausspringt.

- Überlegen, was man sich jetzt leisten kann.

Wem Erfolg nicht nur vergängliche Freude des Augenblicks, sondern Spaß am Leben bereitet, für den löst Erfolg ganz andere Überlegungen aus. Er reagiert auf Erfolg gelegentlich mit Fragen wie diesen:

- Wie viel Geld und Zeit habe ich bisher in mein berufliches Können investiert? Genügt das, oder müsste ich mehr einsetzen?

- Wo bleibt meine Zeit? Kann ich sie besser einteilen?

- Was erwarte ich von mir selbst?

- Kann ich der Familie mehr Zeit widmen?

- Wie komme ich beruflich voran?

- Stimmt meine Zielsetzung noch? Brauche ich neue Ziele?

- Wer sind meine Freunde, Helfer, Gönner?

- Wer hat ein Herz für mich, wer nicht?

- Brauche ich andere, vielleicht zusätzliche Kontakte?

6. Werden Sie aktiv!

Erfolge inspirieren, motivieren. Erfolg folgt.

Erfolg löst die Erfolgsspirale aus. Das ist alles schön und gut und richtig – aber nur für den, der mit Erfolg richtig umgehen kann und der mit sich selbst richtig umgehen kann!

Fragen Sie deshalb gelegentlich sich selbst und auch Ihren Partner oder Menschen, denen Sie vertrauen:

- Was war an meiner Lebensführung bisher richtig?
- Was kann ich noch verbessern?
- Von wem kann ich noch viel lernen?

Übung: **Vorausplanung**

- Wo stehe ich heute?
- Wo werde ich in sieben Jahren stehen?

Erfolgs-Tipp:

Ein erfolgreicher Mensch verhält sich so, dass

- ihn die Erfolgsspirale sein Leben lang begleitet,
- sein Können als wichtigstes Lebenskapital und Quelle der Kraft und Überzeugungsstärke seiner Persönlichkeit während des ganzen Lebens wächst,
- seine Fantasie ihn stets neue Ziele erkennen lässt,
- sein Lebensmut ihn nicht verlässt.

Er nimmt gelassen das große Schicksal an in der Erkenntnis: Das kleine Schicksal bietet mir grenzenlose Möglichkeiten.

KÖNNEN

Nichts bleibt, wie es ist	Neue Ziele Phantasie	Das sind meine Ziele
Erfolg ist ein Grundgesetz des Lebens	Erfolg folgt	Warum war ich erfolgreich? Wer hat mir geholfen?
Zum Meister im Umgang mit Menschen werden	Umgang mit Mitmenschen	Wie viele? Wer?
Mir selbst gut sein	Umgang mit mir selbst	Sich freuen. Seine Stärken kennen und deutlich machen. Glücktagebuch führen.
Die Rollbahn für meine Gedanken	Rhetorik	Beeinflussen Überzeugen
Lebenslanges Lernen	Neue Software für mein Gedächtnis	Entscheiden: Was? Durchführen
Lebensplanung	So will ich künftig leben	Selbstbewusstsein Selbstmotivation

Ich weiß, was ich will.

Ihre persönlichen Erkenntnisse

- Meine drei wichtigsten neuen Erkenntnisse sind:

  . . . .

  . . . .

  . . . .

  . . . .

- Folgende Erkenntnisse sind mir aufs Neue bewusst geworden:

  . . . .

  . . . .

  . . . .

  . . . .

- Das werde ich in den kommenden Wochen bewusst anwenden:

  . . . .

  . . . .

  . . . .

  . . . .

www.metropolitan.de

Mindmap: Erfolg macht Spaß

ERFOLG MACHT SPASS

- Fleiß resultierend aus begeistert ausgeführter Aufgabe
- Möglichkeitsdenker Positive Einstellung zu gegebenen Möglichkeiten
- Lebensplanung und Zielsetzung
- Bewusster Umgang mit Zeit
- Konzentration auf A-Tätigkeiten
- Gekonnter Umgang mit sich selbst und den Mitmenschen
- Lebenslanges Lernen
- Arbeiten an Stimme und Sprache Rethorik
- Umsetzen ausgewählter Begabungen in Fähigkeiten

Der Realistische Tagesplan

13

1. Wer braucht ihn?

Gute Handwerker arbeiten mit gutem Werkzeug. Erfolgreiche Persönlichkeiten arbeiten mit Erfolg versprechenden Arbeitsplänen. Um es gleich vorwegzunehmen.

Routinierte Menschen

Sehr viele Menschen brauchen für ihre berufliche Tätigkeit tatsächlich keinen eigenen Plan; ihre Arbeit wird ihnen exakt vorgegeben. Für eigenes Planen bleibt kein Raum; andere planen bereits den für sie verbindlich festgelegten Arbeitsablauf.

Allerdings wäre für sie der Realistische Tagesplan auch außerhalb der beruflichen Tätigkeit zweckmäßig und nützlich. Das gilt auch dann, wenn sie aus dem Erwerbsleben ausgeschieden sind.

Erfolgreiche Menschen

Beruflich sehr belastete, dabei aber erfolgreiche Persönlichkeiten lehnen oft jedwedes Planen ab. Sie meinen, ihre Ziele, Aufgaben, Verpflichtungen, Wünsche und beabsichtigte Arbeiten im Kopf zu haben und daher keinen schriftlichen Plan zu brauchen. Der enge sie ein, sagen sie. Sie wollen weder von anderen noch von sich selbst „verlangt" werden.

Sie fürchten, durch Planen des Tagesablaufs an Spontaneität zu verlieren. Dabei würden sie mit Hilfe des Realistischen Tagesplans auf allen ihren Lebenswegen, also auch außerberuflich, mehr bei weniger Aufwand erreichen.

Gestresste Erfolgsmenschen

Dann gibt es noch die große Gruppe der zwar Erfolgreichen, aber unter der Last nicht mehr zu bewältigender Arbeit fast erdrückten oder wirklich zusammenbrechenden Persönlichkeiten. Kennzeichnend für sie ist:

- Zu wenig Zeit für nicht berufliche Tätigkeiten
- Nachtruhe nicht ausreichend
- Zu knappe oder überhaupt keine Pausen
- Keine Entspannung
- Zu kurzer oder aus Zeitmangel immer wieder verschobener Urlaub
- Gestörtes Familienleben
- Gefährdete Gesundheit
- Nervosität, damit Konzentrationsmangel und Leistungsabfall durch Disstress
- Hohes Herztod-Risiko

Zu meinen Freunden gehört ein sehr erfolgreicher Unternehmer, der meiner Ansicht nach extrem überlastet ist. Er weiß das. Wir haben mehrfach über das Problem gesprochen. Er hat der „Problemlösung" auch zugestimmt. Aber dabei ist es geblieben. Bevor ich begann, diesen Text zu schreiben, bat ich ihn, mir seinen Tageszeitplan eines beliebigen Arbeitstages zu schicken. (Die Namen und Firmenbezeichnungen sind geändert.) Urteilen Sie selbst.

2. Der Tagesplan des Herrn Klaus Overbeck

Zur Person: Overbeck ist verheiratet. Zwei erwachsene Töchter, zwei Pferde. Chef von zwei Firmen und einiger Labors. Overbeck führt zusätzlich der im Zeitplan genannten Tätigkeiten regelmäßige Seminare in Deutschland und gelegentlich auch im Ausland durch. Außerdem schreibt und veröffentlicht er Fachliteratur. Seine Kunden sind durchweg prominente Persönlichkeiten aus dem In- und Ausland.

Er ist Mitte 50, Nichtraucher, fährt eine Limousine der Spitzenklasse. Die Overbecks halten ein offenes, sehr gastfreundschaftliches Haus.

Tagesplan vom 30. 06. 2001	
07.00	Arbeitsbeginn
07.00 – 07.30	Arbeitsendkontrolle vom Vortag FIRMA I
07.30 – 07.45	Besprechung mit Führungskräften Schmidt, Ulrich, Klinker (Tagesplanung) FIRMA I
07.45 – 08.00	Besprechung FIRMA I mit Sekretärin
08.00 – 08.15	Empfang einer Patientin, Direktorin eines Konzerns
08.15 – 09.00	Provisorien der Patientin entfernen, neuen Zahnersatz anprobieren. Mit der Technikerin besprechen, wie sie die Arbeit gestalten soll
09.00 – 09.30	Frühstück, dabei mit Ehefrau kaufmännische Dinge besprechen
09.30 – 10.30	ca. 20 Telefonate führen
10.30 – 11.00	Zwei Personal-Gespräche
11.00 – 11.20	Patientenarbeit erneut anprobieren
11.20 – 12.45	Selbst am Laborplatz arbeiten und zwischendurch einige Telefonate führen
12.45 – 13.00	Erneute Anprobe am Patienten
13.00 – 14.00	Mittagessen
14.00 – 16.30	Selbst am Laborplatz arbeiten
16.30 – 18.00	Besprechung mit Geschäftsführer FIRMA II
18.00 – 19.20	Finish Patientin
19.30 – 19.45	Abendessen
20.00 – 23.20	Kreisvorstandssitzung der XX-Partei, dessen Vorsitzender ich bin
00.30	Schlafengehen

Kommentar

Dieser Plan ist absolut unrealistisch, er ist undurchführbar.

Begründung

1. Verplante Arbeitszeit: 15 Stunden und 55 Minuten, also fast 16 Stunden! Hinzu kommt noch die Wegzeit ins eigene Haus.

2. Pausen: 1 Stunde für Mittagessen ist akzeptabel, aber die Frühstückspause ist zweckentfremdet.

3. Zeitvorgabe für 20 Telefonate ist nicht ausreichend.

4. Vorgesehene Zeit für Abendessen ist zu kurz bemessen.

5. Es fehlt jede Zeitvorgabe für

   - lesen: Eingehende Post, Mitteilungen, Zeitung usw.,

   - diktieren, schreiben,

   - Unterschriftsmappe lesen, unterschreiben,

   - Wege,

   - persönliche Bedürfnisse,

   - unvorhersehbare Ereignisse wie eingehende Telefonate, unabweisbare Rücksprachen, unerwartet auftretende Probleme,

   - Kontakte zur Familie und zu Freunden,

   - Mindestaufwand für körperliches Wohlbefinden (Sport),

   - Lern-, Lese- und Kultur-Programm.

Die Folgen

Am Arbeitstagsende kommt vermutlich Erschöpfung, verbunden mit dem unguten Gefühl:

   - Trotz maximaler Arbeitsleistung sind viele Vorhaben liegengeblieben.

- Zahlreiche Zusagen wurden nicht eingehalten.

- Die Probleme sind nicht kleiner und weniger, sondern größer und zahlreicher geworden.

Frust, ein Gefühl der Ohnmacht, Unzufriedenheit mit sich selbst, das sind die Folgen eines solchen Arbeitstages.

Auf die fünf Lebensziele projiziert heißt das:

1. Positive Lebensgestaltung: Eingeschränkt

2. Gesundheit: Gefährdet

3. Kontakt: Gefährdet

4. Kultur: Geringer Stellenwert

5. Konto: Gut

Das wäre nötig

Möglicherweise haben Sie kein so ausgeprägtes, aber ein ähnliches Zeitproblem oder – Sie wollen einfach mehr Zeit zur freien Verfügung haben. Das ist für jeden, auch noch so viel Verantwortung tragenden Menschen, möglich und sogar nötig! Sie brauchen genügend Zeit für:

- Gesundheit – vernünftige Lebensweise, Erholung, sportliche Betätigung (kein Leistungssport!), Ruhe, Entspannung, Freude.

- Kontakt – Zeit für Familie, Freunde, Menschen in Ihrer Umwelt, mit denen Sie zusammenarbeiten, die Sie mögen.

- Kultur – Interesse und Teilnahme an kulturellen Veranstaltungen und eigene aktive Beiträge (Dr. Konrad Adenauer hat beispielsweise Rosen gezüchtet).

Gelingt Ihnen das, so wird es Ihnen leicht fallen, ein ausgeprägt positives Leben zu führen, und es wird Ihnen auch wirtschaftlich gut gehen.

Ihr persönliches Ziel

Was muss geschehen, damit Sie nicht nur ein materiell erfolgreiches, sondern ein rundherum erfreuliches Leben führen können? Wenn Sie das zwar wüssten, aber dennoch im alten Stil weitermachten, was könnten Sie – realistisch beurteilt – dann für die kommenden sieben Jahre sich selbst voraussagen? Vielleicht mehr Geld und weniger Freude? Mehr Einfluss auf die Umwelt und weniger Freunde? Oder ein in jahrelanges Siechtum führender, alles beendender Schlaganfall oder tödlicher Herzinfarkt?

Zeitmanagement: Die Basis eines erfreulichen Lebens

Von meinem Arbeitsplatz aus lese ich an der Tür zu meinem Büro:

- Heute ist ein schöner Tag. Ich freue mich, dass ich lebe!
- Heute ist der erste Tag meiner Zukunft!

Beide Leitsätze erinnern mich daran, wie wertvoll Zeit ist. Zeit ist für uns begrenzt und unwiederbringlich. Zeit ist nicht nur wichtig, sondern ein Faktor; sie wirkt wie ein Multiplikator. Wer besser mit Zeit umgehen kann, hat die bessere Chance.

Erfolgreiche Menschen wissen das, haben darüber nachgedacht, und doch gehen nur wenige sorgfältig genug mit ihrer Zeit um. Vielleicht liegt das daran, dass Zeit nicht zu fassen ist. Sie ist flüchtig wie Wasser.

Erfolgs-Tipp:

Wenn wir ein einigermaßen harmonisches Leben führen wollen, dann muss Zeit aufgewendet werden für alle fünf großen Lebensziele. Vernachlässigen wir auch nur eines dieser Ziele, weil wir meinen, dafür keine Zeit zu haben, werden wir unausweichlich auf irgendeinem Gebiet unseres Lebens in Schwierigkeiten geraten.

3. Ihre persönliche Aufgabe

Fassen wir das Problem an der Wurzel. Was sollen oder wollen Sie erreichen? Ganz unabhängig davon, ob Sie

- berufstätig sind oder nicht,
- als Angestellter oder selbstständig arbeiten,
- Politiker, Künstler, Führungskraft, Konzern-Chef, Rentner sind oder einen anderen Beruf haben.

Was wollen Sie sein? Vermutlich werden Sie sagen: Ich will erfolgreich, zufrieden und glücklich sein. Wer mit einem Minimum an Aufwand ein Maximum an Erfolg erzielen will, muss

- seine Aufgabe kennen,
- genau wissen, was andere von ihm erwarten oder er selbst von sich verlangen muss,
- seine verfügbare Zeit unter dem Gesichtspunkt einsetzen: Gehört das zu meiner Aufgabe? Komme ich damit einen Schritt voran?
- im Rahmen seiner Lebensziele maßvoll mit seinen Kräften umgehen.

Achtung: Maßlosigkeit auf jedwedem Gebiet führt ins Unglück!

Wichtig: Die persönlichen Aufgaben kennen

Vielleicht sieht jemand seine Aufgabe darin, nicht nur Fixstern seiner Familie zu sein, um den sich alles dreht, sondern auch deren Vorbild. Vielleicht hat sich ein Geigenbauer vorgenommen, Geigen in Stradivari-Qualität zu bauen. Ganz gleichgültig, was Ihre Aufgabe ist, Sie müssen genau wissen, was Ihre Aufgabenstellung enthält. Was ist beispielsweise die Aufgabe eines

- Verkäufers?   – Verkaufen
- Service-Technikers?   – Instandhalten

- LKW-Fahrers?   – LKW fahren
- Lehrers?   – Unterrichten

Diese Antworten sind falsch! Sie nennen Tätigkeiten, nicht Aufgaben.

- Die Aufgaben eines Verkäufers heißen:
    1. Interessenten finden und zu Dauerkunden machen
    2. Interessenten und Kunden fachlich beraten
    3. Den größtmöglichen Anteil am Bedarf des Kunden decken
    4. Kunden, die abspringen wollen, halten
    5. Einen Gewinn bringenden Preis erzielen

- Service-Techniker haben die Aufgaben:
    1. Für Kundenzufriedenheit sorgen
    2. Namen und guten Ruf der Firma wahren
    3. Den Abschluss von Service-Vereinbarungen vorbereiten
    4. Zusatznutzen verkaufen
    5. Gewinn bringend arbeiten

- Zu den Aufgaben eines LKW-Fahrers gehören:
    1. Für eigene Fahrtüchtigkeit sorgen (kein Alkohol im Dienst, keine Übermüdung, vorgeschriebene Pausen einhalten)
    2. Rangieren und Radwechsel ausführen können
    3. Selbstverschuldete Unfälle vermeiden
    4. Verkehrsvorschriften beachten
    5. Die Ladung unversehrt an den Bestimmungsort bringen

- Die Aufgaben eines Lehrers sind:

  1. Für Disziplin im Klassenraum sorgen

  2. Den Schülern Vorbild sein

  3. Die Schüler zum Lernen motivieren

  4. Das vorgegebene Lernpensum einhalten

  5. Die Schüler zum Erreichen des Klassenziels bringen

Stehen Sie vor oder bereits am Beginn Ihrer Laufbahn? Können Sie schon auf eine lange Wegstrecke zurückblicken? Denken Sie an berufliche oder persönliche Aufgaben? Stehen Sie kurz vor dem Ruhestand, oder sind Sie bereits aus dem Erwerbsleben ausgeschieden?

Achtung: Jeder Mensch hat seine Aufgabe, selbst wenn er denkt, er habe keine! Wie heißt Ihre Aufgabe?

Auch ein Mathematik-Genie kann keine nicht oder nur unvollständig formulierte mathematische Aufgabe lösen. Auch Sie können der in Sie gesetzten Erwartung nicht voll entsprechen, solange Sie diese Erwartung, also Ihre Aufgabe, nicht in allen Einzelheiten kennen. Das gilt auch für Aufgaben, die Sie sich selbst gestellt haben. Erst die genaue Kenntnis dessen, was Sie sollen – oder wollen –, bestimmt die zur Lösung der Aufgabe erforderlichen Tätigkeiten. Hierzu drei Beispiele.

Übung: **Die richtigen Aufgaben finden**

Sie finden beim Durchblättern einer überregionalen Tageszeitung drei besonders auffällige Personal-Anzeigen.

Anzeige 1: Ein in Deutschland ansässiger Maschinen-Hersteller sucht den Leiter des Technischen Außendienstes, Europa

Anzeige 2: Die Tochterfirma eines multinationalen USA-Konzerns bietet die Position an für den Leiter des zentralen Sicherheitswesens für die deutschsprachigen Länder einschließlich Holland und Jugoslawien

Anzeige 3: Ein japanischer Konzern sucht den Geschäftsführer für die neu zu gründende Firma „Mini-Technic & Advanced-Laser-applications Deutschland GmbH"

Versuchen Sie, die Aufgabenstellung für diese drei ausgeschriebenen Positionen zu definieren. Lesen Sie erst dann weiter.

Lösungsvorschläge

Leiter des Technischen Außendienstes, Europa

1. Optimale Organisation aufbauen

2. Anforderungs-Profil für Techniker verwirklichen:

   - Wie muss er aussehen?

   - Wie soll er sein?

   - Wie soll er nicht sein?

3. Berufsethos entwickeln, Einstellung der Mannschaft:

   - motiviert

   - stolz auf Tätigkeit

   - positiv

4. Schulungs-, Trainingskonzeption

5. Gute Zusammenarbeit mit Produktion (Ersatzteile-Bedarf!)

6. Gute Zusammenarbeit mit Geschäftsleitung (Kosten/Gewinn)

Leiter des zentralen Sicherheitswesens für die deutschsprachigen Länder einschließlich Holland und Jugoslawien

1. Personalschutz (Safety)

   - Arbeitsschutz
   - Brandschutz

2. Objektschutz (Security)

   - Werkschutz
   - Verfassungsschutz

3. Gute Zusammenarbeit mit

   - Personalabteilungen
   - Werken und Niederlassungen
   - Verbänden und Berufsgenossenschaften
   - Chemical Coordinator
   - Hygienist

Geschäftsführer für die neu zu gründende Firma „Mini-Technik & Advanced-Laserapplications Deutschland GmbH"

1. Vom Wettbewerb unterscheiden

2. Den Markt kennen

   - Wie groß ist der Markt
   - Alter Markt bringt Geld

3. Visionen für Produkte haben

   - Wie will ich mein Geschäft machen
   - flexibel sein
   - schnell entscheiden

4. Wissen, was Werbung ist

   - Wo verkaufe ich

   - Kunde soll an mich denken

5. Im Preiskampf gegen Große bestehen

6. Geeignete Mitarbeiter finden

   - Fachkompetenz

   - Blick nach vorn

7. Betreuung, Förderung, Motivierung (Coaching)

   - Firma immer so gut wie ihre Mitarbeiter

   - für Freude an der Arbeit sorgen

   - gutes Betriebsklima

8. Sich nur an Stärkeren messen

9. Beziehungen haben, einflussreiche Persönlichkeiten kennen, Mitgliedschaften pflegen

Wie schneiden Ihre Notizen im Vergleich zu den aufgeführten Beispielen ab? Vermutlich haben Sie andere Aufgaben notiert. Es kommt mir aber gar nicht auf möglichst große Übereinstimmung zwischen Ihren und den hier vorgeschlagenen Aufgabenkatalogen an. Es geht vielmehr um folgende Erkenntnis:

Wichtig: Bevor Sie eine Position anstreben oder gar antreten, müssen Sie eine genaue Vorstellung davon haben, welche Aufgaben Sie damit übernehmen. Für Ihre Tätigkeiten lässt man Ihnen vermutlich freie Hand. Aber man erwartet von Ihnen, dass Sie Ihre Aufgaben lösen!

Arbeitsplatzbeschreibung: Ein Muss!

Das Fiasko ist vorprogrammiert, wenn Sie andere Vorstellungen von Ihren Aufgaben haben als Ihre Vorgesetzten. Sie brauchen die volle Übereinstimmung. Sie brauchen eine beiderseits akzeptierte Arbeitsplatzbeschreibung. Sie ist der Kompass für Ihre Tätigkeiten. Er zeigt auf die jeweils richtige Tätigkeit. Nur die Tätigkeiten sind richtig, die zur Lösung der Aufgabe beitragen. Das gilt auch für den Fall, dass Sie Ihr eigener Chef sind.

Könnten Sie auch ohne Aufgaben- und Arbeitsplatzbeschreibung erfolgreich sein? Vielleicht. Aber es ist die Frage, was für eine Aufgabe Sie lösen sollen. Ist es eine große, interessante, lohnende Herausforderung? Wahrscheinlich nicht. Könnten Sie die Aufgabe in kurzer Zeit lösen? Wahrscheinlich auch nicht. Könnten Ihnen andere zuvorkommen? Vielleicht. Wäre es möglich, dass Sie die Aufgabe gar nicht lösen können? Auch das ist möglich.

Viele Menschen wissen nicht, was sie wollen und sollen. Sie sind aber sehr eifrig und bleiben trotz aller Mühe Durchschnitt oder gar darunter. Zum Durchschnitt zu gehören ist bestimmt nicht das, was Sie wollen.

Erfolgs-Tipp:

- Denken Sie gründlich über Ihre Aufgaben nach.

- Notieren Sie Ihre Aufgaben.

- Überprüfen Sie von Zeit zu Zeit, ob Ihre Aufgabendefinition noch zutrifft.

- Notieren Sie eventuell erforderliche Änderungen.

Nehmen wir an, Sie kennen Ihre Aufgaben und sind entschlossen, den Tätigkeiten Priorität einzuräumen, die Sie der Lösung wenigstens einen kleinen Schritt näher bringen. Ihre Arbeitszeit verbrauchen Sie beispielsweise so:

Ihr möglicher Arbeitszeitplan

- Teilnahme an Besprechungen, Meetings
- Telefonieren
- E-Mail lesen, bearbeiten, beantworten
- Eingehende Post, Rundschreiben und dergleichen lesen, bearbeiten
- Präsentationen vorbereiten, ausarbeiten, formulieren, durchführen
- Reisen, warten, verhandeln
- Überlegen, prüfen, Rücksprachen
- Abrechnen, berichten
- Delegieren

Trifft das so oder so ähnlich zu? Wenn Sie – wie eingangs empfohlen – 14 Tage lang jede Ihrer Tätigkeiten mit Angabe der jeweils verbrauchten Zeit in Minuten notieren, werden Sie wissen, wie viele und welche Tätigkeiten Sie ausführen. Zudem wird Ihnen klar:

- Welche Tätigkeiten mit wie viel Zeitaufwand zur Lösung Ihrer Aufgabe beigetragen haben,

- welche Tätigkeiten mit wie viel Zeitaufwand Sie einer angestrebten Lösung keinen Schritt näher gebracht haben,

- welche Tätigkeiten, die zur Lösung der Aufgabe erforderlich gewesen wären, aus Zeitmangel versäumt wurden,

- wer oder was Ihnen Zeit stiehlt, beispielsweise Meetings, ausufernde Besprechungen, unkonzentriert geführte Telefonate, leeres Gerede,

- wie viel Zeit Sie vergeuden, beispielsweise durch mangelhaft organisierte Arbeit, Sprunghaftigkeit, Ausführung eigentlich nicht zumutbarer Gefälligkeiten, zu große Gutmütigkeit und fehlende schriftliche Tagesplanung.

Sie wüssten auch, wie viel Zeit zusätzlich zur Verfügung gestanden hätte, wenn Sie mit Ihrer Zeit zweckmäßiger umgegangen wären und mehr Tätigkeiten delegiert hätten. Ohne genaue Kenntnis der Aufgabe und ohne schriftlichen Tagesplan arbeiten bedeutet, auf 60 Prozent bis 70 Prozent des Leistungspotenzials freiwillig zu verzichten! Nach der 80:20 Regel (Pareto-Prinzip*) werden Sie wahrscheinlich nur 20 Prozent Ihrer Zeit für die Lösung Ihrer Aufgaben verwendet haben.

4. Arbeiten mit dem Realistischen Tagesplan

Schon nach einer Eingewöhnungszeit von wenigen Tagen brauchen Sie zur Aufstellung Ihres „Realistischen Tagesplans" nur etwa zehn Minuten. Diese zehn Minuten sind Ihre wichtigsten Arbeitsminuten! Sie bürgen nicht nur dafür, dass Sie Schritt für Schritt vorankommen, weil Sie das Richtige wirkungsvoll umsetzen, sondern Sie garantieren, dass Negativ-Situationen wie diese vermieden werden:

- Konflikt-Stress

  Ohne Zeitplan arbeitet man oft hektisch und unter Zeitdruck. Damit gerät man unter selbst verschuldeten Konflikt-Stress.

- Misserfolg

  In der täglichen Hektik geht der Überblick verloren. Wichtiges wird vergessen. Man verliert das Ziel aus den Augen und erreicht es nicht.

---

* Die 80:20-Regel wurde von dem italienischen Ökonomen Vilfredo Pareto beschrieben. Er wies nach, dass 20 Prozent der Bevölkerung 80 Prozent des Volksvermögens besaßen. Dieser als Pareto-Prinzip bezeichnete Sachverhalt gilt auch für viele andere Bereiche.

- Mittelmäßige Leistung

  Leistung setzt Konzentration voraus. Ungeplante, hektische Beschäftigung macht nervös. Nervosität ist das Gegenteil von Konzentration und führt zu allenfalls mittelmäßiger Leistung.

- Zu lange Arbeitszeit

  Nicht geplante Arbeit ist unrationelle Arbeit. Die Erfahrung zeigt: Wer unrationell arbeitet, „wird gearbeitet" und klagt über Mangel an Zeit für alles, was ihm außerhalb der Arbeit Entspannung und Freude bereitet und für sein psychisches, geistiges und körperliches Wohlbefinden unverzichtbar ist.

Arbeiten mit und nach dem Realistischen Tagesplan wird Ihnen Spaß und Freude bereiten. Beachten Sie bitte auch das: Verplanen Sie die gesamte verfügbare Zeit. Lassen Sie keine Lücken für das, was sicherlich unvorhersehbar und unausweichlich auf Sie zukommen wird. Für diese Fälle nützen Sie die C- und B-Zeiten. Das bringt Ihnen den großen Vorteil, eine gute Begründung zur Hand zu haben, wenn Ihnen unzumutbare Gefälligkeitsarbeiten angetragen werden. Im Augenblick haben Sie eben „keine Zeit". Sie erinnern sich vermutlich an die Empfehlung, in solchen Fällen mit Hinweis auf die eigene Arbeit freundlich zu fragen: „Gerne, bis wann spätestens?"

Am Arbeitstagende haken Sie alle ausgeführten Tätigkeiten ab. Tage, an denen Sie einer einzigen Hetze ausgesetzt waren und dennoch kaum etwas vorangekommen ist, gibt es nicht mehr. Ihre wichtigsten Tätigkeiten haben Sie auf jeden Fall „im Kasten". Der Feierabend gehört Ihnen!

So gehen Sie vor

M = Maßnahmen sammeln

E = Entscheiden über Priorität

N = Notwendigen Zeitbedarf einsetzen

Ü = Überarbeiten

1. Schritt: M Maßnahmen sammeln

Auf einem Zettel notieren Sie, was Sie am nächsten Tag ausführen wollen, und zwar

- spontan, was Ihnen für morgen einfällt,

- ohne Reihenfolge,

- ohne Gewichtung,

- ohne Zeitbedarf.

2. Schritt: E Entscheiden über Priorität

Hinter jeder aufgeführten Tätigkeit vermerken Sie jeweils entsprechend ein

C = nicht wichtig, nicht dringlich,

B = wichtig, nicht dringlich/dringlich, nicht wichtig,

A = wichtig und dringlich.

3. Schritt: N Notwendiger Zeitbedarf in Minuten

Hinter jedem C, B und A vermerken Sie ebenfalls den spontan geschätzten Zeitbedarf in Minuten. Spontan soll hier heißen: Ohne Hinblick auf die insgesamt zur Verfügung stehende Tages-Arbeitszeit von möglichst nicht mehr als acht Stunden, für Selbstständige maximal und nur ausnahmsweise zehn Stunden. Sie addieren die vergebenen Minuten und werden wahrscheinlich erkennen, dass Sie weit übers Ziel „acht Stunden" hinaus geplant haben.

4. Schritt: Ü Überarbeiten

Jetzt geht es „ans Eingemachte": Sie müssen – es führt kein Weg daran vorbei – kürzen, alles streichen, was den Tank überlaufen ließe. Ihr „Zeit-Tank" fasst acht Stunden. Damit müssen Sie auskommen. Im Ausnahmefall könnten es auch einmal zehn Stunden werden, aber eben nur ausnahmsweise und keinesfalls mehr. Vielleicht protestieren Sie, denken: „Wenn der wüsste, was hier los ist!" – Mag sein, ich weiß es wirklich nicht, aber bedenken Sie:

- Was geschieht, wenn Sie erkranken oder nach einem Unfall mit ein paar Knochenbrüchen im Krankenhaus liegen? Verlieren Sie dann Ihren Arbeitsplatz, oder behilft man sich, bis Sie wieder da sind? Ganz bestimmt kommt man vorübergehend auch ohne Sie aus und ist erfreut, Sie irgendwann gesund wiederzusehen.

- Aber vielleicht sind Sie der Chef. Wird irgendetwas nicht funktionieren, wird es Pannen geben oder Verluste? Oder läuft alles auch ohne Sie weiter? Alles läuft weiter, möglicherweise ohne Sie besser als mit Ihnen, weil jeder während Ihrer erzwungenen Abwesenheit besonders bemüht ist, hell glänzen will.

- Wenn Sie – was niemand hofft – plötzlich tot umfallen, geht dann die Welt unter? – Nun, eine Antwort erübrigt sich wohl.

Achtung: Die Ansicht eines Vorgesetzten: „Verlassen kann ich mich nur auf mich selbst", heißt: „Ich kann meine Mitarbeiter weder führen noch entwickeln und motivieren; ich kann ihnen nicht trauen. Dafür überschätze ich mich selbst."

Wer in unserer Gesellschaft wöchentlich mehr als 40, maximal 60 Stunden arbeitet, ist ganz allein schuld daran. Er ist einfach unzweckmäßig, schlecht organisiert.

Aber: Keine Regel ohne Ausnahme. Es gibt Berufe, in denen diese Empfehlungen nicht immer durchführbar sind. Der Hausarzt, wenn im Dienst, kann beispielsweise plötzlich erforderliche Hausbesuche bei Schwerkranken kaum delegieren oder einfach ausfallen lassen.

5. Einen Realistischen Tagesplan aufstellen

Realistischer Tagesplan: Beispiel Herr Overbeck		
I Maßnahmen sammeln	II Entscheiden über Priorität	III Notwendiger Zeitbedarf in Minuten
Arbeitsend-Kontrolle vom Vortag	A	30
Rücksprache mit drei Führungskräften und Sekretärin	A	30
Patientin (VIP) empfangen	A	15
Provisorien der Patientin entfernen, neuen Zahnersatz anprobieren, mit Technikerin Gestaltung der Arbeit besprechen.	A	45
Frühstück, dabei mit Partner kaufmännische Dinge besprechen.	A	30
Ca. 20 Telefonate führen	A	60
Zwei Personalgespräche führen	B	30
Patientenarbeit erneut anprobieren	A	20
Selbst am Laborplatz arbeiten und zwischendurch einige Telefonate führen	A	85
Erneute Anprobe am Patienten	A	15
Mittagessen	A	60
Selbst am Laborplatz arbeiten	A	150
Besprechung mit Geschäftsführer der Firma II	A	90
Finish Patientin	A	80
Abendessen	A	15
Teilnahme als Vorsitzender an Sitzung	A	200
		955

IV Überarbeiten

07.00	Frühstück mit Blick in Zeitung und Weg zum Arbeitsplatz	A	30
07.30	Personalgespräch 1	A	15
07.45	Personalgespräch 2	B	15
08.00	Empfang Patientin (VIP)	C	15
08.15	Provisorien der Patientin entfernen und neuen Zahnersatz anprobieren	C	35
08.50	Fortführung der Arbeit mit Technikerin besprechen	A	10
09.00	Zwei Telefonate	A	10
09.10	Pause	A	15
09.25	Fünf Telefonate	A	35
10.00	Erneute Anprobe Patientin-Arbeit	B	20
10.20	Fünf Telefonate	C	25
10.45	Arbeiten am Laborplatz	B	60
11.45	Erneute Anprobe Patientin-Arbeit	A	15
12.00	Mittagspause	A	60
13.00	Arbeiten am Laborplatz	A	60
14.00	Zwei Telefonate	C	15
14.15	Besprechung mit Geschäftsführer	A	25
14.40	Pause	A	15
14.55	Finish Patientin	A	70
16.05	Abhaken und vortragen Realistischer Tagesplan alt, aufstellen neuer Realistischer Tagesplan	A	10
16.15	Kontrolle alter und besprechen neuer Realistischer Tagesplan Führungskräfte und Sekretärin	A	15
16.30	Mit Partner kaufmännische Dinge besprechen	B	30
17.00	Feierabend		600

Block 1: 07.00, 07.30
Block 2: 08.50, 09.00, 09.10, 09.25
Block 3: 11.45, 12.00, 13.00
Block 4: 14.15, 14.40, 14.55, 16.05, 16.15

Gute Finanzminister sind bemüht, Einnahmen und Ausgaben im Gleichgewicht zu halten. Von Parteifreunden und der Opposition werden sie aber gleichermaßen genötigt, mehr auszugeben, als sie einnehmen. Wie reagieren sie darauf? Sie fragen, welcher im Finanzplan vorgesehene Posten im Gegenzug gestrichen werden soll, damit die Staatsverschuldung nicht überhand nimmt. Genauso müssen wir uns beim Überarbeiten des Realistischen Tagesplans verhalten, damit einseitige Überlastung nicht das Ganze, nämlich Gesundheit und Leben, gefährdet.

Kürzungsmaßnahmen

Der 955 Minuten umfassende „Tagesplan" wurde auf ein Maximum von 600 Minuten gekürzt. Folgende Änderungen wurden beschlossen:

Kürzungen im Realistischen Tagesplan	
Tätigkeit	**Priorität**
1. Frühstück vor Arbeitsbeginn mit Blick in die Zeitung	A
2. Mit erstem Personalgespräch Arbeitsbeginn	A
Während dieses ersten A-Zeitblocks von 45 Minuten ist keine Störung erlaubt.	
3. Zweites Personalgespräch	B
4. Empfang der Patientin (VIP)	C
Personalgesprächs-Partner und Sekretärin sind vom C/B-Status der Vereinbarungen informiert. Sie wissen, dass etwas dazwischenkommen kann. In diesem Fall wird für das Gespräch ein neuer Termin vereinbart, die Patientin wird von jemand anderem empfangen.	
5. Provisorien der Patientin entfernen und neuen Zahnersatz anprobieren, notfalls springt Vertretung ein	B
Während dieses C/B-Zeitblocks von 65 Minuten können unvorhergesehene und unabwendbare Tätigkeiten wahrgenommen werden.	

6. Fortführung der Arbeit mit Technikerin besprechen	A
7. Zwei Telefonate	A
8. Pause	A
9. Fünf Telefonate	A
Während dieses zweiten A-Zeitblocks von 70 Minuten sind keine Störungen erlaubt.	
10. Erneute Anprobe Patienten-Arbeit	C
11. Fünf Telefonate	B
12. Arbeiten am Laborplatz	B
13. Erneute Anprobe Patienten-Arbeit	A
14. Mittagspause	A
15. Arbeiten am Laborplatz	A
Während dieses dritten A-Zeitblocks von 135 Minuten sind keine Störungen erlaubt.	
16. Zwei Telefonate	C
17. Besprechung mit Geschäftsführer	A
18. Pause	A
19. Finish Patientin	A
20. R.T.Pl. alt und neu.	A
21. R.T.Pl. alt und neu der Führungskräfte und Sekretärin	A
Während des vierten A-Zeitblocks von 135 Minuten sind keine Störungen erlaubt	
22. Mit Partner kaufmännische Dinge besprechen	B
Feierabend	

Wichtig: Alle Mitglieder der Führungs-Etage müssen verpflichtet werden, den eigenen Realistischen Tagesplan durchzuführen. Mit Vorlage dieses Plans wird am Ende des Arbeitstages das Geschehen an diesem Tag und die Planung für den bevorstehenden Arbeitstag besprochen und abgestimmt.

Jeder in der Firma muss wissen, dass er niemanden in einer A-Tätigkeit ohne Not unterbrechen darf (Not = Katastrophe). Bei allem Verständnis für sehr dringliche Vorgänge, die ungeplant urplötzlich anstehen, ist es nicht einzusehen, warum sie bis zur Bearbeitung nicht notfalls weniger als eine oder auch zwei Stunden Zeit haben sollten. Die persönliche Sekretärin darf nicht zulassen, dass Ihr Chef in einer A-Tätigkeit unterbrochen wird!

6. Delegieren: Effizienter arbeiten

Jeder Chef, jeder Abteilungsleiter könnte nach Arbeitszeit-Ende immer noch eine E-Mail wegschicken, über ein Projekt nachdenken, sich mit irgendwelchen Vorgängen befassen. Sogar ein Workaholic wird niemals mit seiner Arbeit fertig. Auch Sie können immer nur einen Teil der Arbeit persönlich bewältigen. Da auch Ihr Arbeitsergebnis nicht von der Quantität, sondern der Qualität Ihres Beitrags abhängt, müssen sie entscheiden

- das übernehme ich in den Realistischen Tagesplan,
- das unterbleibt, wandert in den Papierkorb,
- das delegiere ich.

Wer delegiert, ist entlastet. Er hat mehr Zeit für wichtigere Aufgaben. Er nutzt Fähigkeiten derjenigen, an die er delegiert. Er verbessert das Arbeits- und Betriebsklima, denn Delegieren setzt Vertrauen und Zutrauen voraus. Das motiviert. Prüfen Sie also:

Übung: **Nach Prioritäten organisieren**

- Muss ich mich damit selbst beschäftigen?
- Kann ich das delegieren?
- Kann jemand anders die Angelegenheit sogar besser, schneller oder zeitiger ausführen? Beachten Sie die Regeln:
- Entscheiden, wer die Arbeit annehmen soll.

- Genau mitteilen, was getan werden muss.
- Vereinbaren, wie vorgegangen werden soll.
- Termin bestimmen.
- Ausführung kontrollieren.

7. Werden Sie aktiv!

Benutzen Sie zum Notieren Ihrer Termine nicht den ganz unzureichenden Terminkalender, sondern ein Zeitplanbuch. Damit haben Sie übersichtlich geordnet alle benötigten Daten und Informationen jederzeit zur Hand.

Ihre persönlichen Erkenntnisse

- Meine drei wichtigsten neuen Erkenntnisse sind:

  . . . .

  . . . .

  . . . .

- Folgende Erkenntnisse sind mir aufs Neue bewusst geworden:

  . . . .

  . . . .

  . . . .

- Das werde ich in den kommenden Wochen bewusst anwenden:

  . . . .

  . . . .

  . . . .

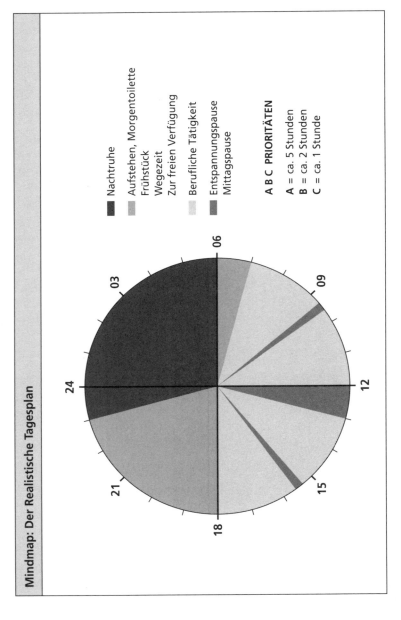

Der Wie-Plan

14

1. Schwierig: Richtige Entscheidungen treffen

Die Berichte der Medien über den EU-Gipfel in Nizza im Dezember 2000 könnte man frei nach Eugen Roth vielleicht so auf den Punkt bringen:

„Ein Mensch, am Ende seines Lebens,
Sieht ein, dass der Erfolg des Strebens
Nur dürftig war, an dem gemessen,
Was er geredet hat und nicht vergessen.
Sein Wert als Ego war gering.
Nun hofft er auf den nächsten King."

Ganz Europa leidet unter der Unfähigkeit der hierfür Verantwortlichen, herauszufinden, was getan werden muss und wie Beschlüsse ausgeführt werden sollen.

Der Wunsch, Europa politisch und wirtschaftlich zu einigen, wirft sicherlich sehr komplexe Probleme auf. Sieht man aber das Leben des individuellen Menschen in seinem ganzen Verlauf an, erkennt man eine nicht weniger komplizierte Problematik. Die meisten Menschen wollen auf ihre Weise erfolgreich sein, sie wollen gesund sein, ihr Auskommen haben, sich im Kreise ihrer Mitmenschen wohl fühlen. Manche legen sogar Wert auf ein geistig und kulturell erfülltes Leben. Aber wie das erreichen?

Von vielfältigen Gefühlen oder gar Leidenschaften unterschiedlichster Art werden wir hin- und hergerissen. Absichten, Wünsche, Interessen wie auch Hoffnungen und Ängste beeinflussen unser Denken und Handeln während eines vielleicht 80 oder noch mehr Jahre währenden Lebens. Sie auf ein Wunsch-Ziel hin auszurichten, das ist in Anbetracht der eigenen Stärken und Schwächen und den täglich gebotenen Möglichkeiten und Chancen ein nicht weniger schwieriges Vorhaben.

Optimales Verhalten setzt richtige Entscheidungen voraus, und zwar von früh bis spät, Tag für Tag, ohne Unterlass. Hundertprozentig gelingt das niemandem.

Immerhin: Die anzuwendende Taktik können wir im Realistischen Tagesplan festlegen. Damit beantworten wir die Frage nach dem „Was". Für die Auswahl der zweckmäßigen Strategie brauchen wir den Wie-Plan. Er gibt Antwort auf die Frage nach dem „Wie?"

2. Fünf Beispiele für Wie-Pläne

Im Folgenden lesen Sie fünf Beispiele – entsprechend den fünf großen Lebenszielen – wie Sie einen Wie-Plan erstellen können.

1. Beispiel: Positive Lebensführung

Gedanken, Filter

- Sperre gegen negative Beeinflussungen
- Öffnung für positive Beeinflussung, Vorbild, Mentor

Gedanken, Disziplin

- Alles Handeln beginnt im Gehirn.
- Positives Denken führt zu positivem Handeln. Beispiel: Bau der Dresdner Frauenkirche.
- Negatives Denken führt zu negativen Ergebnissen. Beispiel: Zerstörung der Dresdner Frauenkirche durch Fliegerbomben.
- Daher: Nicht jedem der Fantasie entspringenden Gedanken freien Lauf lassen. Die Gedanken sind zwar frei; aber nicht alle sind nützlich.

Glauben

- An den Sinn der Schöpfung
- An den Sinn des Lebens
- An Erfolg als Prinzip des Lebens
- An die eigene Kraft
- An die Zukunft glauben

  Beispiel: Wer sich selbst umbringt, hat Hoffnung und den Glauben an die Zukunft verloren.

Zuversicht

- Probleme sind Schwierigkeiten, Schwierigkeiten sind Aufgaben, gelöste Aufgaben sind Erfolge. Als zuversichtlicher Mensch lebe ich mit meinen Problemen und versuche, sie zu lösen.

- Nutzen stiften

  Je mehr Nutzen ich stifte, umso sinnvoller ist mein Leben.

- Loben

  Verdientes Lob anerkennen und aussprechen.

- Danken

  Nichts als selbstverständlich hinnehmen, sondern der Schöpfung fürs eigene Leben, den Mitmenschen danken für ihre Hilfe und Liebe.

2. Beispiel: Gesundheit

Gesundheit, körperlich

- Maßhalten

  Essen und Trinken, Berufsarbeit, Sport, Spannung und Entspannung.

Gesundheit, seelisch

- Vertrauen
- Zuneigung, Liebe
- Intakte Familie
- Selbstwertgefühl

3. Beispiel: Kontakt

- Ehe
- Familie, Kinder, Enkelkinder
- Freunde
- Vorbild, Mentor
- Helfer, Förderer
- Nachbarn, Sympathisanten
- Dienstleister
- Hilfsbedürftige

  Die individuellen Daten wie Name, Vorname, Geburtsdatum und Interessen und Stärken kennen und beachten.

4. Beispiel: Kultur

Kultur, aktiv

- Musizieren, malen, schreiben, Theater spielen, basteln, Blumen züchten u. Ä.

Kultur, passiv

- Musik hören, Literatur lesen, Theater, Ausstellungen, Bauten und Baudenkmäler besuchen u. Ä.

5. Beispiel: Konto

- Genügend Geld verdienen, dass nach Bezahlung aller Bedürfnisse und Erfüllung der materiellen Wünsche erübrigtes Geld angelegt und investiert werden kann, beispielsweise in die eigene Entwicklung.

- Was nichts kostet, ist auch nichts wert.

  Eigenes Können und eigene Leistung müssen nützlich und gefragt sein; dann sind sie auch viel wert. Was viel wert ist, darf viel kosten.

3. Werden Sie aktiv!

Ihre persönlichen Erkenntnisse

- Meine drei wichtigsten neuen Erkenntnisse sind:

  . . . .

  . . . .

  . . . .

- Folgende Erkenntnisse sind mir aufs Neue bewusst geworden:

  . . . .

  . . . .

  . . . .

- Das werde ich in den kommenden Wochen bewusst anwenden:

  . . . .

  . . . .

  . . . .

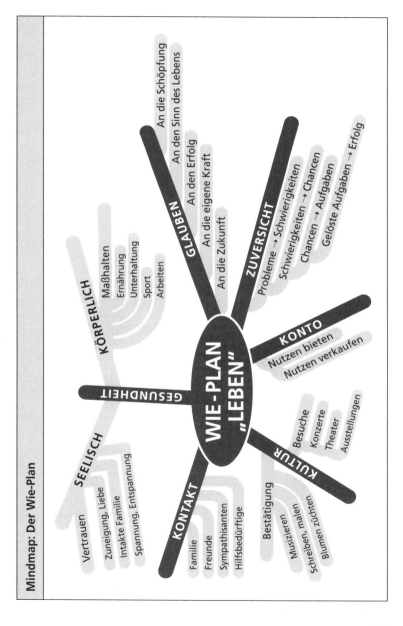

Mindmap: Der Wie-Plan

WIE-PLAN „LEBEN"

GLAUBEN
- An die Schöpfung
- An den Sinn des Lebens
- An den Erfolg
- An die eigene Kraft
- An die Zukunft

ZUVERSICHT
- Probleme → Schwierigkeiten
- Schwierigkeiten → Chancen
- Chancen → Aufgaben
- Gelöste Aufgaben → Erfolg

KÖRPERLICH
- Maßhalten
- Ernährung
- Unterhaltung
- Sport
- Arbeiten

KONTO
- Nutzen bieten
- Nutzen verkaufen

GESUNDHEIT

SEELISCH
- Vertrauen
- Zuneigung, Liebe
- Intakte Familie
- Spannung, Entspannung

KONTAKT
- Familie
- Freunde
- Sympathisanten
- Hilfsbedürftige

KULTUR
- Besuche
- Konzerte
- Theater
- Austellungen
- Bestätigung
- Musizieren
- Schreiben, malen
- Blumen züchten

Gewohnheiten zum Erfolg

15

*Um ein makelloses Mitglied einer
Schafherde sein zu können,
muss man vor allem ein Schaf sein.*

Albert Einstein

1. Gewohnheiten und Charakter

Gewohnheiten profilieren den Charakter. „Das ist ein charakterloser Mensch." Mit diesen Worten verurteilen wir jemanden, den wir verachten. „Dieser Mensch hat Charakter." So anerkennen wir jemanden, den wir achten.

Niemand wird von sich behaupten wollen, er habe nur positive Gewohnheiten, damit nur positive Charaktereigenschaften. Wir sind weder Teufel noch Engel. Alles steckt in uns, der Mörder wie der Heilige, der Parasit wie das Genie. Aber dies sollte uns bewusst sein:

Gewohnheiten gehören nicht zum Erbgut. Wir legen sie uns selbst zu. Ein soeben geborenes Kind bringt zwar schon sein Wesen und Temperament mit auf die Welt, das Profil seines Charakters aber erwirbt es sich im Laufe seines Lebens.

Das bedeutet auch: Charakter ist nichts Endgültiges. Da er die Summe all unserer Gewohnheiten enthält, verändern ihn diese vom ersten bis zum letzten Lebenstag. Für Gewohnheiten sind wir selbst verantwortlich und damit ebenso für unseren Charakter.

2. Wie entstehen Gewohnheiten?

Große Freude in der Familie! Was war geschehen?

Zunächst gingen kleines und großes Geschäft des zweijährigen Peter in die Windeln. Vor ein paar Wochen hatten die „sachdienlichen Informationen" begonnen. Das Töpfchen wurde gezeigt, es wurde erklärt, gut zugeredet – alles mit viel Geduld. Eines Tages dann der erste Erfolg und bald darauf das Ergebnis – Peter ist „sauber".

Der ist selbst freudig überrascht, rennt zur Mama. Die lobt und knuddelt ihn. Das tut ihm gut, motiviert ihn. „Sauber sein" ist ihm wenig später zur Gewohnheit geworden.

Diese Gewohnheit wurde systematisch in Peters Unterbewusstsein programmiert mittels

- wiederholter Information,
- Überzeugungsarbeit,
- Lernen,
- Wiederholen,
- Lob.

In ein paar Monaten oder Jahren wird Peter auf dieselbe Weise Schwimmen und Rad fahren lernen und vieles, vieles mehr. Um diese Gewohnheiten braucht er sich nie wieder zu kümmern. Er muss niemals mehr darüber nachdenken, wie man im tiefen Wasser schwimmt oder auf zwei Rädern das Gleichgewicht hält und somit Rad fährt. Das und sehr vieles mehr ist ihm zur Gewohnheit geworden, auf Lebenszeit!

Auswirkung in der Jugend erworbener Gewohnheiten

Hat Peter mit dem Sauberwerden eine gute, nützliche Gewohnheit angenommen? Ganz bestimmt! Hätte Peter als geistig und seelisch gesunder Mensch auch ohne diese nützliche Gewohnheit vor seinen Mitmenschen bestehen können? Keinesfalls! Sicherlich teilen Sie diese Ansicht. Hätte Peter noch andere nützliche Gewohnheiten annehmen müssen, um von seiner Umwelt akzeptiert zu werden? Vielleicht sagen Sie: „Das kommt ganz darauf an …" Sie merken, die eindeutige Antwort fällt schwerer. Sie könnten, um die Frage zu beantworten, einige Gewohnheiten aufzählen, beispielsweise Rücksicht im Straßenverkehr und älteren Menschen gegenüber. Aber was sagen Sie zu folgenden, gar nicht so selbstverständlichen Gewohnheiten:

- Körperhygiene wahren

- Kleiderordnung nicht vernachlässigen

- Tischmanieren beachten

Die wenigen Beispiele genügen, um deutlich zu machen: Peter muss nicht! Er könnte auf all das verzichten. Er würde deswegen nicht untergehen, aber er würde sich schwer tun, in unserer Gesellschaft voranzukommen.

Vielleicht brächte er es zum Stadtstreicher oder gar zum Aussteiger.

Übung: **Ihre Gewohnheiten**

Notieren Sie bitte spontan Gewohnheiten, die Sie während Ihrer Kindheit angenommen haben und die Sie für nützlich halten, beispielsweise Zähneputzen.

. . . .

. . . .

Wahrscheinlich werden Ihnen mehrere solcher positiven Gewohnheiten bewusst geworden sein. Angenommen haben Sie diesen Lebensschatz, denn um einen Schatz handelt es sich, beim Spielen mit Gleichaltrigen, während der Schulzeit und vor allem im Elternhaus, kurz gesagt, in Ihrer Umwelt.

Viele Gewohnheiten, die uns die Umwelt vermittelt hat und die wir übernommen haben, beeinflussen den späteren Lebenserfolg. Einige dieser Gewohnheiten sind grundsätzlich unentbehrlich. Andere behindern uns, wieder andere helfen, sind nützlich, bringen uns voran. Aus Erfahrung ist bekannt: Kinder, von den Eltern daran gewöhnt, ihre Hausaufgaben pünktlich und ordentlich auszuführen und kleine häusliche Pflichten zu übernehmen, haben es als Erwachsene im Leben leichter. Sie sind von vorneherein denen überlegen, die als Kind immer nur haben wollten und das Geforderte – oft nur des lieben Friedens willen – ohne Gegenleistung bekamen.

3. Schlüsselgewohnheiten der Erfolgreichen

Der Tank ist schon wieder halb leer.

Der Tank ist immer noch halb voll.

Sie wissen, was gemeint ist. Vielleicht denken Sie: „Ob ich das so oder so sehe, das ist doch gar nicht so wichtig." Sie haben Recht, in diesem Fall. Doch auch auf zahllose andere Situationen reagieren Sie – so, oder so.

Richtig reagieren

Da gibt es jemanden, der seiner Frau das Frühstücksei barsch zurückgegeben hat, weil es zu hart gekocht sei.

Eine warmherzige, gute, verwöhnende Großmutter ist untröstlich. Sie grämt sich über die oft lieblose, belehrende und intolerante Reaktion ihrer Familie auf das, was sie sagt, wie sie spricht und die Art, wie sie nun einmal ist.

Ein Vorgesetzter gibt seinem Mitarbeiter einen Text zurück. Er ist rot markiert mit Ausrufungszeichen und Bemerkungen wie „So geht das nicht", „Was haben Sie sich denn dabei gedacht?". Es fehlt dagegen jeder Hinweis, wie der Text besser formuliert werden könnte. So wird binnen kürzester Zeit aus einem bis dahin gutwilligen Mitarbeiter ein enttäuschter Angestellter.

Sicherlich könnten Sie genauso wie ich diese Fälle ergänzen. Solches Reagieren macht böses Blut, setzt negative Gefühle frei, wirkt abstoßend, verletzt. Es ist erfolgs-, ja lebensfeindlich.

Denken wir an die vielfältigen Reaktionen während nur eines ganz gewöhnlichen Tages, sei er am Arbeitsplatz oder zu Hause verbracht. Reagieren wir überwiegend neutral, negativ oder positiv? „Überwiegend" heißt hier, gewohnheitsgemäß reagieren. Die Art zu reagieren ist „zur Gewohnheit" geworden. Man denkt sich nichts mehr dabei, überlegt nicht, was man mit der eigenen Reaktion anrichtet.

Beispiele:

Sie haben eine Reklamation und rufen deshalb bei Ihrem Lieferanten an, einem Fachgeschäft. Am Telefon sagt man Ihnen:

Neutrale Reaktion

„Sie haben sicherlich einen Bedienungsfehler gemacht. Sehen Sie in der Bedienungsanleitung nach. Da steht alles drin. Wenn's wieder nicht funktioniert, können Sie mich ja noch mal anrufen."

Negative Reaktion

„So? Da können wir leider nichts machen. Ihr Gerät gibt's gar nicht mehr. War ein Auslaufmodell, wissen Sie. Probieren Sie's doch mal beim Hersteller. Vielleicht haben Sie da mehr Glück. Tut mir leid."

Positive Reaktion

„Da müssen wir etwas tun. Es wird jemand zu Ihnen kommen. Passt es übermorgen, oder gleich morgen früh, dann allerdings schon um 8 Uhr?"

Wer sich angewöhnt hat, in neutraler oder negativer Weise zu reagieren, wird es im Leben schwer haben. Urteilen Sie selbst. Da sagt Ihnen jemand:

- „Ach so, na, wie Sie meinen. Mir ist das egal."

- „Wegen so einer Kleinigkeit haben Sie mich kommen lassen?"

- „Wer hat Ihnen denn das verkauft?"

- „Nein, so geht das nicht."

- „Sie haben ja keine Ahnung!"

- „Das ist mal wieder typisch ‚nicht gedacht'. Wozu brauchen Sie eigentlich Ihren Kopf, zum Haarewaschen?"

Sie sind sicherlich ein erfolgreicher Mensch. Aber der Lebensweg eines jeden Menschen gleicht einem Hürdenlauf. Auch Sie müssen täglich viele Hürden nehmen, an denen es richtig zu reagieren gilt. Für neutral und negativ reagierende Zeitgenossen werden solche Fälle oft zu Stolpersteinen.

Positiv geht's besser

Wer dagegen richtig, das heißt positiv und damit kontaktfreudig reagiert, setzt wie im Flug über diese Hürden hinweg. Probieren Sie es! Beobachten Sie ein paar Tage lang die Art, wie Sie reagieren. Das Ergebnis positiven Reagierens wird so aussehen:

Menschen, die Ihnen gegenüber bisher neutral oder sogar ablehnend eingestellt waren, werden nach und nach zu Sympathisanten, die Ihnen zuhören, Sie fördern, die Ihnen helfen, Ihre Ziele zu erreichen. Das wollen Sie doch – und das brauchen Sie!

Aber wie, meinen Sie, würde jemand reagieren, den ein schwerer Schicksalsschlag trifft? Jeden Tag verliert irgendwo ein Mensch plötzlich sein Augenlicht, das Gehör, seine Sprache. Jeden Tag werden Menschen Arme oder Beine amputiert. Eben waren diese Menschen noch unversehrt, gesund. Dann kam der Verkehrsunfall: Querschnittslähmung – aus. Wie würden Sie reagieren?

Von Behinderten lernen

Von den Paralympics, also den Olympischen Spielen für Körperbehinderte, zeigte das Fernsehen Beinamputierte beim Hundertmeterlauf, Rollstuhl-Rennen der Querschnittsgelähmten, Weitspringen der Blinden, einarmige Kugelstoßer und viele weitere sportliche Wettkämpfe.

Der behinderte Bogenschütze Antonio Robeilo sorgte bei solcher Gelegenheit für eine Sensation. Sein olympischer Feuerpfeil traf sein Ziel und entzündete die Flamme, die anläßlich der 1992 in Barcelona stattgefundenen Paralympics vom Montjuic aus über Barcelona leuchtete. Der rollstuhlfahrende Astrophysiker Stephen Hawking sprach zu den Sportlerinnen und Sportlern diese Botschaft: „Einige von uns können einen Teil ihres Körpers wegen einer Krankheit oder eines Unfalls nicht benutzen. Aber das hat keine Bedeutung. Das ist nur ein mechanisches Problem. Wirklich wichtig ist, dass wir den menschlichen Geist erhalten, die Fähigkeit, kreativ zu sein."

Das ist die Reaktion, die turmhoch über Gleichgültigkeit und Ablehnung steht! Jeder dieser Behinderten-Sportler ist auch für jeden Nicht-Behinderten ein Vorbild. Positives Reagieren ist für jeden Menschen eine beflügelnde Gewohnheit und damit eine wertvolle Charaktereigenschaft.

Höhepunkte vorbereiten

„Es gibt nur drei Methoden, um leben zu können: Betteln, stehlen oder etwas leisten." (Mirabeau)

Wenige Minuten nach dem Einlassgong ist der 2000 Personen fassende Beethoven-Saal der Stuttgarter Liederhalle bis auf den letzten Platz besetzt. Die helle Saalbeleuchtung weicht einem Halbdunkel. Abrupt enden alle Gespräche. In die erwartungsvolle Stille dringt das Crescendo eines lang anhaltenden Applauses: Bruno Leonardo Gelber betritt die Bühne, geht – besser gesagt, bemüht sich – zum Konzertflügel. Gewiss, bis dahin sind es nur einige Meter; aber jeder im Saal sieht, wie anstrengend diese paar Schritte für ihn sind.

Die Eltern des in Argentinien geborenen Gelber waren beide Musiker. Schon dem erst dreijährigen Kind gab die Mutter Unterricht am Klavier. Zwei Jahre später trat der Fünfjährige erstmalig in seinem Heimatland öffentlich auf. Wieder zwei Jahre später schlug das Schicksal zu: Kinderlähmung. Der Junge war ein Jahr lang ans Bett gefesselt, aber er gab nicht auf. Ein Klavier wurde so umgebaut, dass er es im Bett liegend spielen konnte. Acht Jahre später – er ist erst 15 Jahre jung – ist er ein in Argentinien bekannter Konzertpianist. Bis heute hat er weltweit mehr als 5000 Konzerte gegeben. Für ihn muss jedes dieser Konzerte ein Höhepunkt gewesen sein.

Ein klares Ziel vor Augen

Konzertbesucher sind meist ältere und sogar sehr alte Menschen, die jüngeren bilden die Minderheit. Aber einige von ihnen diskutieren in der Konzertpause, sogar noch, nachdem der Applaus am Ende des Konzerts verklungen ist, sachkundig und kritisch, was sie gerade gehört haben. Diese jungen Menschen studieren Musik. Sie besuchen Konzerte nicht nur, um die musikalische Darbietung zu genießen. Für sie ist der Vortragende Vorbild, das Programm ein Lernprogramm. Sie hören daher mit großem Interesse konzentriert zu. Sie wollen hier lernen und das Gelernte anschließend üben. Sie wollen nach Abschluss ihres Studiums selbst im Rampenlicht stehen, mit ihrem Spiel Geld verdienen und auch Applaus und Höhepunkte ernten. Das ist ihr Ziel.

Dabeisein heißt erleben

Ist für diese Studenten der Konzertbesuch auch ein Höhepunkt? Empfinden ihn die anderen Musikfreunde im Saal als Höhepunkt des Abends? Oder ist er, so eindrucksvoll die Darbietung auch war, für alle im Saal nur ein großes Erlebnis?

Je nach Neigung sehen wir uns auf dem Bildschirm ein Formel-1-Rennen, ein Fußballspiel, irgendeine andere Sportveranstaltung an. So werden wir Zeuge hervorragender Ergebnisse sportlicher Wettbewerbe der Spitzensportler. Aber so erstaunlich diese Leistungen auch sind, für uns als Zuschauer am Fernsehschirm bedeuten sie gute Unterhaltung und interessante Information, keineswegs aber Erlebnisse oder gar Höhepunkte.

Warum beeindruckt uns ein miterlebtes Konzert mehr als ein Mitschnitt derselben Musik, gehört von einer CD? Warum nehmen Zehntausende die Strapazen auf sich, ein Fußballspiel zu besuchen, und geben dafür sogar noch viel Geld aus? Zu Hause, am Fernsehschirm hätten sie es doch viel bequemer, würden nicht nur Zeit und Geld sparen, sondern vom Spiel sogar viel mehr mitbekommen.

Freunde verrieten mir, weshalb ich sie am Vorabend nicht telefonisch erreichen konnte: Sie waren in Hannover, zwei Autostunden von zu Hause entfernt, zu einem Tennis-Match gefahren. Auf meine Frage: „Wie war's denn?", meinten sie: „Ach, die Tennis-Partie war nicht so besonders; aber das Gefühl, dabei zu sein! Mitten in dieser Menge! Das hat schon etwas Tolles an sich." Dieses Gefühl, „etwas Tolles", wird zwar noch nicht als Höhepunkt empfunden, immerhin aber als „großes Erlebnis".

Ziele umsetzen

Vor mehr als 20 Jahren erzählte mir Nikolaus B. Enkelmann, er habe als junger Mensch an einem Seminar von Oscar Schellbach, dem Autor von „Mein Erfolgs-System", teilgenommen, und war von Schellbach absolut begeistert. Er habe dann sofort das Gehörte in die Tat umgesetzt. Nach dem Tod Schellbachs führte er eine Zeit lang dessen Seminare selbst durch. Er, der bis dahin kaum bekannte Enkelmann, plötzlich Nachfolger des großen Schellbach! Und heute? Vor ein paar Jahren verriet er mir eines seiner Ziele: „Ich will vor zehntausend Menschen sprechen." – Am 1. Mai 1999 hat er in Frankfurt/M. ein Motivations-Seminar vor zehntausend Teilnehmern und seitdem ständig Veranstaltungen mit Hunderten und Tausenden durchgeführt. Der Schlüssel zu diesem Erfolg ist zweifellos sein damaliger Entschluss gewesen, alles für gut und nützlich Erkannte in Schellbachs Seminaren sofort selbst zu praktizieren. Das war der Beginn einer Entwicklung, die immer größere Aufgaben stellte.

Das zehnte Geheimnis der Erfolgreichen – Aktivität

„Ich setze meine Ziele sofort in die Tat um."

Inzwischen ist Enkelmann die Nummer eins der Erfolgstrainer im deutschsprachigen Raum. Für ihn wurde der 1. Mai 1999 zu einem ersten „Bad in der Menge", dem immer neue, noch eindrucksvollere Höhepunkte bis zum heutigen Tage folgten.

Wie werden seine Massenveranstaltungen auf die Zuhörer wirken? Werden diese ausführen, was er ihnen ans Herz legt? Soviel steht zu erwarten: Die Besucher werden auf ihre Kosten kommen,

- weil sie einen Referenten und Motivator von Weltklasse erleben,

- seine Vorschläge, Hinweise und Argumente unabweisbar und für jeden klar, prägnant und verständlich formuliert sind und

- eine Veranstaltung in dieser Größenordnung, ohne Zweifel bestens organisiert, auf jeden der Anwesenden faszinierend wirken muss; dem Phänomen „Masse" kann sich kaum jemand entziehen!

Selbst aktiv werden

Die Teilnehmer werden begeistert sein, so weit, so gut. Aber haben sie sein Motivations-Seminar besucht, um sich berieseln zu lassen? Oder waren sie da, um zu erfahren, wie sie sich verhalten müssen, um selbst einmal „zu den Besten" zu gehören, wie es beispielsweise die Musikstudenten vorhatten? Sind sie gekommen, um anschließend – genauso wie diese – das zu lernen, zu üben und anzuwenden, was ihnen selbst große Erfolge und Applaus einbringen soll? Fest steht: Niemand wird als Hörer selbst in den perfekten Motivations-Seminaren eines Enkelmann einen Höhepunkt seines Lebens erreichen.

Der Höhepunkt im Leben liegt in weiter Ferne noch vor ihm!

Zu ihm führen zwei Wege:

- der innere Weg zum Tor des Unterbewusstseins,

- der äußere Weg zum angestrebten Ziel.

Der erste führt durch ein für die meisten gänzlich unbekanntes Terrain. Der zweite ist gespickt mit Hindernissen, Rückschlägen, Enttäuschungen, Ärger über eigene Fehler – kurz, zahllosen Schwierigkeiten aller Art. Im Vergleich dazu wäre der Fußweg zur Zugspitze so mühelos zu schaffen wie der mit Ruhebänken versehene Spazierweg für Gehbehinderte in einer Reha-Klinik.

Die Macht des Unterbewussten

In den erwähnten Motivations-Großveranstaltungen werden die Zuhörer in unnachahmlich eindringlicher Weise beeinflusst, und – darin besteht der Nutzen für die Besucher – sie erfahren:

- Wie die Wege zum Ziel beschaffen sind,

- dass sie trotz aller Hindernisse begehbar sind,

- wo sie selbst die Kraft finden, ihre Ziele zu erreichen,

- warum das Unterbewusstsein der „Riese" in uns ist,

- wie wichtig Rhetorik-Kenntnisse sind.

Das müsste, sollte genügen. Aber – es genügt nicht! Vielen geht es so: Da sie nur den Vorsatz gefasst haben, aber nicht fest entschlossen sind, das nun erkannte Richtige auch ab sofort wirkungsvoll auszuführen, empfinden und denken sie ein paar Tage später:

Innere Widerstände

- Das Unterbewusstsein ist der Riese in mir? – Also, jetzt habe ich ihm schon fünfmal gesagt, was ich von ihm erwarte. Passiert ist nichts. So ein Quatsch!

- Rhetorik-Kurs? Erstens – wo soll ich die Zeit hernehmen? Am Wochenende passt es mir schon gar nicht. Und dann das Geld – so viel kann ich dafür nicht ausgeben.

- Jetzt fehlt mir die Zeit anzufangen. Aber später …

- Das schaffe ich auch ohne Praxis-Seminar. Ich weiß ja jetzt, was ich tun muss.

- Eigentlich geht es mir doch ganz gut.

Dann kommt, so sicher wie das Amen in der Kirche, die nächste Enttäuschung, der nächste Rückschlag. Das falsch oder gar nicht besprochene Unterbewusstsein signalisiert: Das ist ja alles Humbug, das funktioniert nicht, oder – schlimmer noch – „Nichts gelingt mir, ich bin ein Versager." Und womöglich ist da noch ein Partner oder „guter" Freund mit seinem Ratschlag: „Lass den Blödsinn, du machst dich nur verrückt. Das kostet viel und bringt nichts."

Den Impuls nutzen

Ein junger Mann besucht mit seiner Freundin die Frankfurter Automobilausstellung. Ein Porsche interessiert sie; der Ferrari wäre auch nicht schlecht. Beide sind noch keine 18 Jahre alt. Na ja, aber sobald sie es sind, muss ein Auto her, mindestens der Smart muss es sein! So träumen sie den Traum vom ersten Autofahren im ersten eigenen Auto. Eines Tages ist es soweit. „Ihr" Auto steht auf dem Hof des Händlers. Der Verkäufer hat schon den Motor gestartet, um dessen ruhigen Lauf vorzuführen. Die beiden steigen ein. Der Motor läuft, aber das Auto rührt sich nicht vom Fleck; das kann es auch gar nicht. Den jungen Leuten fehlt noch der Führerschein; sie können und dürfen das Auto noch nicht fahren. Logisch dargestellt bedeutet dies:

- Auto heißt selbst.

- Mobil heißt beweglich.

- Ein Automobil ist also etwas Selbstbewegliches.

Aber es bewegt sich gar nicht selbst! Und in Analogie dazu:

- Motivieren heißt bewegen.

- Ein Motivations-Seminar ist also etwas, das bewegen soll.

Aber es bewegt nichts; es startet nur.

Wer nach der Veranstaltung wieder zu Hause angekommen ist, der ist hoffentlich „angelassen", gestartet worden; aber bewegt hat er sich noch nicht. Das kann niemand für ihn, das muss er selbst in die Wege leiten. Es wäre gut, wenn er dafür den Führerschein besäße, denn große persönliche Ziele zu erreichen, sogar das eigene Leben mit Höhepunkten zu schmücken, das ist ganz bestimmt schwieriger als Auto fahren.

Mit Lebensklugheit ins Glück

Es gibt zwei Wege zur Lebensklugheit: den Weg des Erkennens, Erforschens und Studierens, und den Weg der traurigen, mühseligen Erfahrung schreibt Oscar Schellbach in seinem Buch „Mein Erfolgs-System". Weiter heißt es: „Wo stände die Menschheit heute, wenn jede Generation von Urbeginn an nicht von der vorangegangen hätte lernen und das Erworbene weitergeben dürfen?" Goethe fragte: „Was wäre ich denn, wenn ich nicht immer mit klugen Leuten umgegangen wäre und von ihnen gelernt hätte?" Was wäre aus uns allen geworden, wenn jeder Mensch seine Erkenntnisse, alles Wissen und Können nur sich selbst und seiner persönlichen Lebenserfahrung zu verdanken hätte und es für sich behielte? Aus welcher Erfahrung kann jemand davon überzeugt sein, dass er für die schwierigste Aufgabe in seinem Leben, aus dem Mittelmaß herauszukommen und der zu werden, der er in Wirklichkeit ist, keine sach- und fachkundige Unterstützung und Anleitung braucht?

Wichtig: Wir kennen Genies und hoch begabte Künstler. Kein einziger dieser Ausnahmemenschen hat ohne Mithilfe anderer seine in ihm steckende Größe erreicht.

Für den Menschen, der Mittelmaß anstrebt, mag zusätzlich zu seiner Berufsausbildung das während der Schulzeit aufgenommene Wissen genügen. Wer aber höher hinaus will – ich nehme an, Sie wollen große Ziele erreichen –, der hätte ohne hervorragendes Können in den von unseren staatlichen Bildungsstätten nicht angebotenen Disziplinen keine oder kaum ein Chance. In seinem Buch „Sich selbst rationalisieren" schreibt Großmann: „Wer sein persönliches Können für seinen höchsten Wert hält, der wird es als seinen höchsten Wert behandeln und wird es mehren, damit dieser Wert ihm wächst und gedeiht und Früchte trägt."

Können Sie beispielsweise

- frei und überzeugend sprechen?

- eine Stegreifrede halten?

- andere überzeugen?

- gut mit dem Telefon umgehen?

- Ihre Zeit sinnvoll nützen?

- sich selbst beeinflussen?

- mit Menschen meisterhaft umgehen?

- sich gut konzentrieren und entspannen?

- begeistern und Zuversicht vermitteln?

Das – und vieles mehr – kann sich kein Mensch in ein paar Stunden aneignen. Solche Programme nur aus sich selbst heraus lernen zu wollen und zur Meisterschaft zu bringen, wäre außerordentlich zeitraubend und mühselig, wenn nicht gar unmöglich. Denn dazu braucht jeder Mensch viel Information und gute Anleitung.

Solche Gewohnheiten sind:

- Neugierig sein, offene Ohren und Augen, Fantasie haben,

- ein stets wachsames Gespür für Möglichkeiten wachhalten,

- eher zustimmen, „Ja"-sager sein, als ablehnen, verneinen.

- entschlussfreudig sein, entscheiden: Das ist mein Wie-Plan.

Interessiert sein und handeln

„Gibt es einen Unterschied zwischen Theorie und Praxis? Es gibt ihn. In der Tat." (Werner Mitsch)

Die meisten Fußball-Fans sind an Fußball zwar interessiert, aber sie spielen nicht Fußball.

Die meisten Pop-Musik-Fans sind an Pop-Musik interessiert, aber sie spielen kein Musikinstrument.

Das ist ja auch in Ordnung. Wohin kämen wir denn, wenn alle diese Fans auch noch persönlich kicken oder ihre Mitmenschen mit Pop-Musik beglücken wollten? Aber Fußball als Volkssport und Pop-Musik kann es nur geben, wenn einige sich dafür nicht nur interessieren, sondern selbst dazu einen aktiven Beitrag leisten.

Was soll es in Ihrem Leben geben, im beruflichen und auch im persönlichen Bereich? Wenn es da etwas geben soll, zum Beispiel Erfolg, Freude oder gar Höhepunkte, dann dürfen Sie daran nicht nur interessiert sein. Sie müssen auch eine ganze Menge dafür leisten. Sie müssen aktiv werden, damit es einen Anlass gibt, über den Sie sich freuen können. Also fragen Sie sich:

- Was interessiert Sie?
- Was interessiert Sie und ist für Sie wichtig?

Denken Sie bitte einmal darüber nach und notieren Sie, was für Sie interessant und wichtig ist und wie Sie vorgehen werden, um Ihre Wunschvorstellung zu verwirklichen.

Beispiel:

- Von weit über eine Million in Deutschland tätigen Verkäufern haben nach meiner Meinung mindestens 750 000 noch nicht einmal ein Buch zum Thema „Verkaufen" gelesen, geschweige denn ein Verkaufstechnik-Seminar besucht. Sie sind interessiert am Verkaufen, investieren aber weder Zeit noch Geld in ihre verkäuferische Fachausbildung. Ergebnis: Ihr Erfolg ist mäßig oder bleibt vollkommen aus.

- Mehr als 90 Prozent aller sich um einen Arbeitsplatz Bewerbenden haben sich nicht darüber informiert, wie eine Bewerbung aussehen sollte, was deren Inhalt ist, und wie man sich mit Aussicht auf Erfolg vorstellt. Sie sind interessiert an einem Arbeitsplatz, unternehmen aber zu wenig, um ihn zu finden. Stattdessen verschicken sie dutzende, gar hunderte Bewerbungsschreiben immer derselben Art, die sich schon von Beginn an als verfehlt erwiesen hat. Aber sie beklagen sich darüber, dass ihre Bewerbungen allesamt abgelehnt wurden.

- Viele Berufstätige in Führungspositionen sind daran interessiert, in ihrer Karriere voranzukommen. Dazu müssten sie mit ihren Meinungen und Vorschlägen „gut ankommen". Sie ärgern sich, dass andere mehr Erfolg haben als sie, haben aber nicht gelernt, wie man eine Stegreifrede hält und wie man interessant, wirkungsvoll und überzeugend präsentiert. Auf den Gedanken, dass diese Fähigkeiten bei der Auswahl des Kandidaten ein Rolle spielten, kommen sie nicht.

- Die allermeisten Berufstätigen in Dienstleistungsberufen bleiben auf dem einmal erreichten Niveau, obgleich sie interessiert daran sind, weiterzukommen. Ihre fachberuflichen Kenntnisse mögen ausreichen, aber im Umgang mit Menschen machen sie immer wieder dieselben Fehler, weil sie „Umgang mit Menschen" niemals gelernt haben. Statt beispielsweise durch Fragen zunächst herauszufinden, was der Kunde sich wünscht und was seine Ist-Situation ist, preisen sie ihren Vorschlag aus der Sicht „ich-wir-unser-meine-Firma" an. Damit kann man Kunden verprellen, aber nicht gewinnen.

Was ist für Sie interessant und wichtig?

Für den Fußball-Profi ist Fußballspielen interessant und wichtig. Er hat nur dann eine Chance, wenn er nicht nur zuschaut, sondern selbst Fußballspielen trainiert. Der Pop-Musik-Fan hat nur dann Aussicht, mit Pop-Musik Geld zu verdienen, wenn er mit seiner Pop-Musik bei den Fans ankommt. Das gelingt ihm nur, wenn er Pop-Musik als Profi oder wie ein Profi spielt.

Niemand kann ernstlich annehmen, in einem für ihn interessanten wichtigen Bereich Erfolg zu haben, wenn er nicht alles unternimmt, was ihn auf diesem Gebiet zum Profi, zum Könner macht. Nichtskönner und auch mittelmäßige Könner kommen nicht an, sie sind nicht gefragt.

Das elfte Geheimnis der Erfolgreichen – Interesse

„Ich kenne meine Interessen und handle danach."

Wichtig: Das „Interessiertsein und Handeln" muss zur Gewohnheit werden. Dann wird sich auch der gewünschte Erfolg einstellen. Die entstehende Gewohnheit verschafft Anerkennung und sorgt dafür, dass zahlreiche sonst mögliche Enttäuschungen gar nicht erst aufkommen. Im Gegenteil, sie bereitet Freude und führt zu Höhepunkten. Sobald ein Wunschtraum in ihrem Bewusstsein auftaucht, fragen Sie sofort:

- Interessiert mich das wirklich?

- Will ich das können?

- …

Wenn ja, dann machen Sie es sich zur Gewohnheit, sofort einen Wie-Plan aufzustellen und danach zu handeln. Aus Gewohnheit aktiv und engagiert zu sein, ist eine sehr gute Charaktereigenschaft.

Informiert sein

„Man muss sich immerfort verändern, erneuern, verjüngen, um nicht zu verstocken." (Johann Wolfgang von Goethe)

Geologisch gesehen „gerade eben erst" – nachgewiesen etwa 3000 vor unserer Zeitrechnung, also vor etwa 5000 Jahren – lebten in Mesopotamien, dem späteren Babylon, die Sumerer. Es gab zu dieser Zeit schon Piktogramme. Das sind Bildzeichen, wie wir sie auch heute noch benutzen, beispielsweise die auf dem Verkehrsschild abgebildete Schranke als Hinweis auf einen beschrankten Bahnübergang, oder das zum Sprung ansetzende Reh, das vor möglichem Wildwechsel warnt. Mit Piktogrammen zählte man damals Gegenstände und Tiere. Für eine Schrift hätte man Zeichen phonetischer Bedeutung gebraucht. Die gab es noch nicht.

Ab 3000 vor Christus entstanden in Mesopotamien hochentwickelte Städte. Bereits 1000 Jahre später lebten in der Stadt Ur, dem heutigen Mugajjar, etwa 360 000 Menschen. Das Anwachsen der

Städte zu solch einer Größe muss einen Berg von Schwierigkeiten, auch verwaltungstechnischer Art, verursacht haben. Die Sumerer wurden damit fertig. Sie, die bereits das Rad erfunden hatten, ordneten den Dingen nicht mehr Bilder, sondern in Zeichen umgesetzte Laute zu. Das einzelne phonetische Schriftzeichen lief spitz zu und wurde mit einem Rohrgriffel in weiche Tonscheiben geritzt. Um 2800 vor Christus war das System vollständig entwickelt. Es gab die aus 900 Schriftzeichen bestehende Keilschrift.

Schatz der Privilegierten

Nur ein kleiner Kreis von Spezialisten wie Priester und Schreiber beherrschten diese noch sehr kompliziert zu handhabende Schrift. Das war die Situation vor 5000 Jahren im Abendland.

Aber immerhin:

Die Lebenserfahrungen der Menschen, ihre Gedanken, ihre neu erworbenen Erkenntnisse, ihre Ideen konnten aufgeschrieben werden. Sie konnten weitergegeben werden an die nachfolgenden Generationen. Später lebende Menschen konnten von den Leistungen ihrer Vorfahren profitieren und sie als Ausgangsbasis für fortschreitende Erkenntnisse nützen.

Dies hört sich alles wie die ganz große, frohe Botschaft an. War es das wirklich?

Es gab eine Schrift. Es gab Geschriebenes – in Tonscheiben geritzte Verträge, Listen, Urkunden, schließlich auch religiöse und andere Texte. Aber: Schreiben und Lesen war nur einer ganz kleinen Zahl von Privilegierten und Spezialisten möglich und erlaubt. Viereinhalb Jahrtausende mussten noch vergehen, bis ein Mensch den nächsten, entscheidenden Schritt tat – über den er übrigens wirtschaftlich und gesundheitlich zerbrach: Im Jahr 1455 druckte Johannes Gutenberg mit 299 beweglichen, wiederverwendbaren Lettern die Gutenberg-Bibel. Von da ab stand jedem Menschen, dem das Glück zuteil wurde, Schreiben und Lesen lernen und die

Menschenrechte in Anspruch nehmen zu dürfen, die Tür zur eigenen geistigen Entwicklung offen. Aber nach Gutenbergs Erfindung dauerte es immerhin noch zehn Generationen, genau 262 Jahre, bis es 1717 in Preußen zur Pflicht wurde, die Kinder zur Schule zu schicken, wo sie Schreiben und Lesen lernen mussten!

Eintauchen in die Geschichte

In welch faszinierender Zeit wir heute leben, wird deutlich, sobald wir uns für einen Augenblick gedanklich in vergangene Zeiten versetzen:

- Wir schreiben 3000 v. Chr. Sie sind Bürger der Stadt Ur. Hoch über der Stadt regieren die lesekundigen Stellvertreter Gottes. Was sie sagen und anordnen, ist für Sie Gesetz. – Wie geht es Ihnen, wie fühlen Sie sich?

- Wir schreiben 1455 unserer Zeitrechnung. Sie haben gerade erfahren, dass ein gewisser Gutenberg die Bibel gedruckt hat. Es gibt den Beruf des Schreibers. Sie selbst können weder Lesen noch Schreiben. Sie besitzen kein gedrucktes Buch oder auch nur ein Sonntagsblatt, geschweige denn eine Tageszeitung. Abends ruft der Nachtwächter seine Botschaft aus. – Wie sieht Ihr Tag aus? Radio und Fernsehen gibt es nicht. Das ginge noch an. Aber es gibt keine Zeile Gedrucktes für Sie!

- Zurück zur Gegenwart: Sie können Lesen und Schreiben. Zeitungen und Zeitschriften werden Ihnen ins Haus gebracht. Sie besitzen Bücher – es werden immer mehr.

Wissen selbst in die Hand nehmen

Möchten Sie wirklich in der Vergangenheit leben, oder wollten Sie sich freiwillig von „Geistlichen und weltlichen Priestern" vorschreiben lassen, was Sie lesen dürfen? Wollten Sie sich selbst glauben machen, keine Zeit zum Lesen zu haben?

Kommt es auch nur für einen Augenblick für Sie in Frage, aus Bequemlichkeit oder Interesselosigkeit Schätze einfach unbeachtet zu lassen, zu deren Offenlegung unsere Vorfahren Jahrtausende gebraucht haben?

Das glaube ich nicht. Ihres und unser aller Problem besteht vielmehr darin, aus der grenzenlosen Fülle des vorhandenen und angebotenen Lesestoffs das herauszufiltern, was für Sie wertvoll ist und das Sie in der verfügbaren Lese-Zeit auch lesen können.

Wir sagen: Das ist ein belesener Mensch; das ist ein sachkundiger Mensch; dieser Mensch weiß, wovon er spricht. Damit meinen wir informierte Menschen. Solche Menschen verfügen über vermutlich nicht mehr Zeit zum Lesen als Sie oder ich. Aber sie haben es sich zur Gewohnheit gemacht, einen bestimmten Teil ihrer Zeit fürs Lesen zu verwenden, außerdem einen fürs Fernsehen und einen für Informationen aus dem Internet. Sie haben entschieden, was sie vom Fernsehprogramm sehen, was sie sich aus dem Internet holen, was sie lesen.

Für alle drei Informationsquellen gilt: Diese Menschen nehmen sich Zeit für das,

- was sie auf dem Laufenden hält,

- was sie wissen müssen,

- was sie interessiert,

- was sie bildet,

- was sie entspannt, unterhält, ihnen Vergnügen bereitet.

Das zwölfte Geheimnis der Erfolgreichen – Information

„Ich bin stets gut informiert."

4. Was Versager falsch machen

„Verwandle große Schwierigkeiten in kleine und kleine in gar keine." (Aus China)

Gibt es aus Ihrer Kindheit und Jugend Gewohnheiten, die nicht positiv sind, die Sie aber bis heute trotz ihrer negativen Art nicht abgelegt haben?

Wir haben gute und auch weniger gute Gewohnheiten, denn wir sind keine Engel. Aber ebenso wie die besonders wichtigen Gewohnheiten der Erfolgreichen gibt es ebensolche der Versager. Diese Misserfolge verursachenden Gewohnheiten gilt es abzulegen. Wie sind sie entstanden?

Wie negative Gewohnheiten entstehen

Kein Baby wird von negativen Gewohnheiten belastet. Sie sind ihm noch gänzlich unbekannt. Wo kommen sie dann her? Aus der Umwelt?

Selbstverständlich! Die Umwelt ist schuld, wer sonst?!

Schon deswegen müssen Eltern auf guten Umgang ihrer Kinder achten, und natürlich brauchen wir Erwachsenen diesen guten Umgang auch!

Beispiel:

Nehmen wir an, unser Peter wurde zum Zigarettenrauchen verführt. Sie wissen, wie das ging. Irgendjemand, meist ein älterer Spielgefährte, machte Peter den Vorschlag: „Nun probier's schon mal!" – Der Versuch misslang. Peter musste husten, den Zigarettenqualm fand er scheußlich. „Probier's noch mal."

Das ging schon besser. Prestige kam hinzu. Peter wollte schon zu den Größeren, den Erwachsenen zählen. Das wollte er beweisen, indem er so lässig wie „die Großen" Zigaretten qualmte. Er probierte es noch einmal und noch einmal. Allmählich kam es zu der ihm vorausgesagten „Genussempfindung". Er bildete sich ein: Die Zigarette stinkt ja gar nicht mehr, sie „schmeckt".

Ein paar Monate später: Peter hat etwas Schönes erlebt – er steckt sich eine an. Er langweilt sich – er steckt sich eine an. In der Disko rauchen fast alle. Er will nicht ausgelacht werden, er will imponieren – er steckt sich eine an. So ging das weiter.

Peter weiß gar nicht mehr, wann und warum er wie der Säugling am Nuckel an seiner Zigarette saugt. Er gehört jetzt zur Gilde der Raucher, er ist erwachsen, er ist „Zigarettenraucher".

Dieses Beispiel kann beliebig variiert werden mit schlechten Gewohnheiten wie

- schimpfen
- nörgeln
- schlechte Laune zeigen
- nicht zuhören
- unpünktlich, unzuverlässig
- nachtragend
- rechthaberisch
- aggressiv sein

Wie entstehen solche negativen Gewohnheiten? Wenige, beispielsweise Aggressivität oder Phobie, eine zwanghafte Angst, mögen tatsächlich krankhaft sein. Aber die meisten Gewohnheiten haben wir uns selbst zugelegt. Das ging so:

- Dauerndes schlechtes Beispiel
- Verführung
- Lernen

- Üben
- Wiederholen
- befriedigtes Geltungsbedürfnis
- gewohnheitsmäßiges Wiederholen

Achtung: In jedem Fall handelt es sich um Gewohnheiten, die der Betreffende nicht geerbt, sondern von Beispielen anderer Menschen aus seiner Umgebung erlebt und schließlich übernommen und damit erworben hat!

Wer ist verantwortlich?

„Ja, wenn ich in einer anderen Umgebung aufgewachsen wäre …"

„Ja, wenn ich andere Eltern gehabt hätte …"

„Ja, wenn mein Vater sich mehr um mich gekümmert hätte …"

„Ja, wenn ich eine höhere Schule oder die Universität hätte besuchen können …"

Hatten Sie auch so einen Mathematik-, Französisch- oder Deutsch-Lehrer, der wegen seines total unpädagogischen Verhaltens Ihnen gegenüber schuld an Ihrer Fünf in seinem Fach war? Haben Ihre Eltern Sie auch ein paar Mal so ungerecht behandelt, dass Sie sich heute noch an den Vorfall deutlich erinnern?

Aber was bedeutet das denn wirklich? Vergessen wir, was andere an uns falsch gemacht haben oder noch falsch machen. Wir selbst sind keinen Deut besser! Wir machen ständig Fehler, ganz besonders anderen Menschen gegenüber, und vor allem bei der Erziehung unserer Kinder. Aber andere, die Umwelt, unsere Eltern, für die eigenen schlechten Gewohnheiten verantwortlich zu machen, das ist allerdings ein Fehler, den wir ganz bestimmt nicht machen sollten.

Achtung: Wir selbst sind für unsere negativen Gewohnheiten verantwortlich, wir ganz allein!

Gewohnheiten sind fest verankert

„Der Mensch ist ein Gewohnheitstier." Wir meinen damit: Menschen haben ihre Gewohnheiten, die sie oft zeitlebens behalten. Hierzu schreibt Frederic Vester: „Bevor wir Bewegungen automatisch ausführen können, müssen sie in der Großrinde (des Gehirns) als Programm fest verankert sein. Bis das soweit ist, laufen die entsprechenden Impulse immer wieder über dieselben Bahnen zum Großhirn. Erst nach einer längeren Übungszeit werden sie automatisiert und gewinnen dann an Exaktheit, werden fließend und sicher. Wir sind sozusagen zwei Personen in einer. Bewusst setzen wir uns in eine bestimmte Richtung in Bewegung, bewusst, das heißt, mit Willen, nehmen wir eine Gitarre und spielen ein bestimmtes Stück. Während wir aber dann gehen oder Gitarre spielen, laufen diese Bewegungen automatisch ab. Wie gut sie ablaufen und wie reichhaltig sie sind, hängt ganz von dem ab, was und wie wir gelernt haben. Während also beim normalen Denkvorgang die durch Auge und Ohr ankommenden Impulse in der Hirnrinde verarbeitet werden und eine bewusste Reaktion ergeben, werden hier die Wahrnehmungen direkt an die motorischen Nerven weitergeleitet. Sie werden unmittelbar in die Bewegungen unserer Muskeln umgesetzt, ohne unser Denken in den grauen Hirnzellen zu belasten."

Niemand weiß, wie das geschieht, es sei denn, wir akzeptieren: Es ist der Geist in uns, der das und so vieles mehr vollbringt. Das bedeutet: Es genügt irgendein Anstoß, um den automatischen Ablauf der angenommenen Gewöhnung auszulösen.

Beispiel:

Die Pause löst bei Rauchern sofort das Programm „eine anstecken" aus. Die grauen Gehirnzellen sind dabei unbeteiligt. Deshalb bleibt auch der eventuelle Vorschlag: „Lassen Sie doch das Rauchen, Sie schaden sich ja damit bloß", gänzlich wirkungslos. So wollen acht von zehn Rauchern von der Zigarette loskommen; viele schaffen es nur mit fremder Hilfe, einige überhaupt nicht.

Warum machen Institute und Kliniken mit Abmagerungs- und Fastenkuren trotz offensichtlicher Misserfolge von Jahr zu Jahr größere Umsätze? Warum sind die Produzenten von Schlankheitsmitteln, Diät-Kuren und angeblich schlankmachenden Medikamenten so erfolgreich? Die meisten ihrer gläubigen und zahlenden Kunden bringen nach Anwendung der angepriesenen Maßnahmen doch eher mehr Pfunde auf die Waage statt weniger!

Ausreichend: Ein winziger Impuls

Die Versuchung ist zu groß, sie ist allgegenwärtig und es bedarf keiner Verarbeitung der Wunschgedanken im Großhirn. Ein winziger, unbedeutender Auslöser genügt, und schon läuft das Programm – die Gewohnheit – wie gehabt, wie geschmiert, ab. Trotzdem dürfen wir uns nicht mit alltäglichen, aber ganz besonders erfolgsfeindlichen negativen Gewohnheiten einfach abfinden.

Wichtig: Unbeherrschtes Sprechen, ein Wort zu viel, ein falsches oder verletzendes Wort kann nicht wieder gutzumachendes Unheil anrichten. Wer im Sprechen nicht beherrscht ist, kann nicht optimal erfolgreich sein.

Belehrende Rechthaberei führt schnell zur Isolierung des sich damit unbeliebt machenden Zeitgenossen. Wer stets anderen belehrend den Zeigefinger unter die Nase hält, den wird man bald selbst im Regen stehen lassen.

Wem das Wort „Danke" nur schwer oder gar nicht über die Lippen kommt, dem werden nicht viele Menschen helfen, seine Ziele zu erreichen.

Es ist nicht nötig, auch gar nicht möglich, alle negativen Gewohnheiten loszuwerden. Sie können ja gelegentlich alle, die nun einmal zu Ihnen gehören und die Sie akzeptieren, auf einem Zettel notieren und den Zettel dann verbrennen.

Negative Gewohnheiten ablegen

Man führt nicht ungezwungen Krieg an vielen Fronten und mit vielen Gegnern gleichzeitig. Finden Sie die negative Gewohnheit, die Sie als Erste loswerden wollen. Konzentrieren Sie sich auf diese eine. Sie werden bestätigen: Gute Vorsätze allein nützen nichts.

Wenn Sie wirklich vorhaben, die eine oder andere Sie behindernde Gewohnheit loszuwerden, packen Sie diese gewiss nicht einfache Aufgabe nach folgendem Schema an:

Gegen negative Gewohnheiten vorgehen
■ Phantasie
■ Mut zum Entschluss
■ Was muss ich tun?
■ Was muss ich unterlassen?
■ Besprechen des Unterbewusstseins
■ Beharrlichkeit
■ Freunde um Unterstützung bitten
■ Für Gesundheit sorgen

Phantasie

Das Ergebnis Ihrer Verhaltensänderung stellen Sie sich so konkret, so plastisch wie möglich vor. Dieses vorweggenommene Ziel muss ganz klar, ganz deutlich vor Ihrem inneren Auge stehen.

Mut zum Entschluss

Wunschdenken genügt nicht. Sie müssen einen definitiven Entschluss fassen, ihn notieren, ein Datum für den eingetretenen Erfolg festlegen und das Ganze als einen „Vertrag mit sich selbst" unterschreiben.

- Was muss ich tun?

  Wiederum: Nur denken hilft nicht. Sie brauchen Papier und Schreibstift. Sie müssen einen Wie-Plan aufschreiben, mit dem Sie festlegen, wie Sie vorgehen werden.

- Was muss ich unterlassen?

  Sie brauchen einen schriftlich festgelegten Wie-Plan, der aufführt, was Sie künftig nicht mehr tun werden.

Besprechen des Unterbewusstseins

Ihr Unterbewusstsein ist Ihr größter Helfer; es wird alles tun, was Sie ihm sagen. Wenn Sie beispielsweise mit Menschen Ihrer Umgebung, also auch Kunden, noch besser auskommen wollen, könnte dieser Text helfen:

Ich bin fest entschlossen, erfolgreich zu sein. Erfolgreiche Menschen sind Meister im Umgang mit Menschen. Auch ich werde ein Meister im Umgang mit Menschen und werde mich täglich und bei jeder Gelegenheit darin üben. Mein starkes Selbstbewusstsein und meine Kontaktfähigkeit erleichtern mir den Umgang mit Menschen. Ich bin ein zielbewusster Mensch, der andere Menschen beeinflussen und überzeugen kann. (Nach N. B. Enkelmann)

Beharrlichkeit

Wenn Sie heute zum ersten Mal an Ihrem Computer geübt haben, werden Sie ja auch nicht aufgeben, weil Sie es immer noch nicht geschafft haben, im Internet zu surfen und das zu finden, was Sie suchen.

Gut Ding will Weile haben. Eine Gewohnheit abzulegen, die Sie seit Jahren belastet, braucht Zeit. Sie brauchen Geduld mit sich selbst.

Freunde um Unterstützung bitten

Sie werden Rückschläge erleben; Sie brauchen dann vermutlich Unterstützung, Mutmacher. Scheuen Sie sich nicht, Ihren Partner oder guten Freund in Ihr Vorhaben einzuweihen.

Für Gesundheit sorgen

Dem Lebensalter entsprechend fit sein! Denn: Gesundheit ist nicht alles – aber ohne Gesundheit ist alles nichts.

Das dreizehnte Geheimnis der Erfolgreichen – Gewohnheiten

„Ich lege behindernde Gewohnheiten ab."

5. Der Erfolgs-Charakter

Wir sagen: „Der Mensch lebt aus seinem Gedächtnis" Jede der zahllosen Gewohnheiten, die wir im Laufe unseres Lebens angenommen haben, wirkt als Programm aus unserem unbewussten Gedächtnis, also aus dem Unterbewusstsein.

Wir wissen gar nicht mehr, was wir alles zwischen Aufwachen und Frühstücken ausführen.

Aber all die hunderterlei in dieser kurzen Zeit ablaufenden Programme haben wir seit unserer Geburt lernen, üben, wiederholen und durchführen müssen, bis sie als Programm im Unterbewusstsein verankert waren. Seitdem laufen sie ohne unser bewusstes Denken automatisch ab.

Nehmen Sie als Beispiele nur das aufrechte Gehen, Zähne putzen, Ankleiden, Tischmanieren und so weiter. Zu jedem dieser Programme mussten Sie einmal „Ja" sagen, Sie mussten es annehmen, bevor Sie bereit waren, zu lernen, wie man beispielsweise einen Schnürsenkel zur Schleife bindet.

Wichtig: Solange Sie nicht bereit sind, eine Gewohnheit anzunehmen, nimmt ihr Unterbewusstsein sie nicht auf.

Erfolgs-Tipp:

Sie entscheiden über Ihre Gewohnheiten, für die Ihr Unterbewusstsein unbegrenzte Speicherkapazität bereithält, für regelmäßige sportliche Betätigung und systematisches Lesen genauso wie für gedankenloses Zigarettenrauchen und übermäßigen Alkoholkonsum.

Entschließen Sie sich dazu, das unvorstellbar leistungsfähige Unterbewusstsein ständig mit weiteren, positiven Gewohnheiten zu versehen, die Sie zu Erfolgen führen werden, über die andere nur staunen können! Sie kommen damit zu einem Erfolgs-Charakter, der sich wie eine Kegelkugel verhält. Einmal angestoßen, rollt die Kugel ins Ziel. Da sie kugelrund ist, wird sie durch Reibungswiderstände kaum gebremst. So Ihre Erfolgs-Gewohnheiten: Durch nur wenige und verhältnismäßig harmlose Negativ-Programme so gut wie nicht beeinträchtigt, steuern diese Programme Sie geradewegs ins Ziel.

Wissentlich unbewusst zum Erfolg

Vielleicht haben Sie schon einmal vor dem Heinzelmännchen-Brunnen in Köln am Rhein gestanden und gelesen, was August Kopisch da über die Heinzelmännchen sagt. Dort steht:

„Wie war zu Köln es doch vordem
mit Heinzelmännchen so bequem!
Denn war man faul, man legte sich
hin auf die Bank und pflegte sich.
Da kamen bei Nacht, eh man's gedacht,
die Männlein und schwärmten,
und klopften und lärmten,
und rupften und zupften,
und hüpften und trabten,
und putzten und schabten.
Und eh ein Faulpelz noch erwacht,
war all sein Tagewerk bereits vollbracht!"

Erfolgs-Tipp:

Diese Heinzelmännchen sind keine bloßen Märchenfiguren. Es gibt sie – in übertragenem Sinne – tatsächlich. Es sind die vom Menschen mobilisierten Kräfte und Fähigkeiten seines Geistes.

6. Werden Sie aktiv!

Ihre persönlichen Erkenntnisse

- Meine drei wichtigsten neuen Erkenntnisse sind:

  . . . .

  . . . .

  . . . .

  . . . .

- Folgende Erkenntnisse sind mir aufs Neue bewusst geworden:

  . . . .

  . . . .

  . . . .

  . . . .

- Das werde ich in den kommenden Wochen bewusst anwenden:

  . . . .

  . . . .

  . . . .

  . . . .

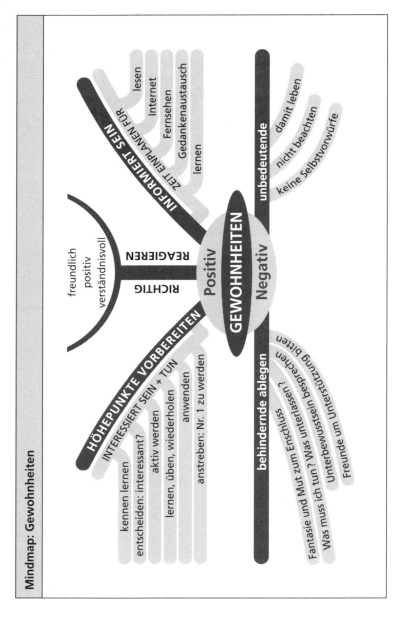

Verhalten der Erfolgreichen

16

„Wer immer strebend sich bemüht,
den können wir erlösen." (Engel)

Johann Wolfgang von Goethe

1. Verhalten: Hinweis auf die Person

Verhaltensweisen entscheiden unter anderem darüber, ob wir uns wohl fühlen, uns freuen können, ob wir erfolgreich und manchmal sogar glücklich sind. Gemäß der Yin-Yang-Denkweise* gehören dazu unvermeidbar die Gegenpole verärgert, ja wütend sein und trauern, erfolglos und unglücklich sein. Daran führt kein Lebensweg vorbei. Aber Verhalten, aus dem diese Gemütszustände entstehen, ist kein Pol, kein Gegensatz wie positiv und negativ. Verhalten ist stets positiv und negativ zugleich. Es ist etwas Fließendes zwischen den Polen Yin und Yang. Dieses Fließende verbindet zum ganzen Menschen hin, mit seinen guten und nicht so guten Seiten.

Erleben wir an einem anderen Menschen dessen Verhalten in einer bestimmten Situation, können wir daraus Rückschlüsse auf diesen Menschen ziehen und uns ein Urteil über die Qualität seiner Persönlichkeit bilden. Lassen Sie mich das so verdeutlichen:

Im Fließgleichgewicht

Wenn Sie in einer Maler- oder Glaser-Werkstatt eine Tür oder ein Fenster stehen sehen, so ist Ihnen ohne weitere Erläuterung klar, dass beide Gegenstände Teile eines vollständigen Gebäudes sind. Genauso ist ein menschliches Verhalten im Augenblick, jetzt, Teil eines Verhaltens-Gleichgewichts, das zwischen den Polen Yin und Yang wie das Pendel einer Standuhr vor- und zurückschwingt. Diesen Zustand nennen wir Fließgleichgewicht.

---

* Begriff aus der chinesischen Philosophie.
  Yin – weiblich, die Erde
  Yang – männlich, der Himmel, die Stärke
  Yin-Yang – Gegensätzlichkeit, Tag-Nacht, hell-dunkel usw.

Der Augenblick Ihrer Entscheidung, ein neues Auto zu kaufen, war ein Verhalten jetzt und der letzte einer Reihe zahlreicher Pendelausschläge zwischen den Polen Ja und Nein. Denn vermutlich haben Sie zwischen dem zu erwartenden Nutzen und dem Aufwand an Geld abgewogen, bevor Sie den Entschluss faßten, ein neues Auto zu kaufen. Aus diesem Detail Ihres Verhaltens kann ich schließen:

- Sie können Auto fahren.

- Ihr jetziges Auto entspricht nicht mehr Ihren Ansprüchen.

- Sie brauchen ein neues Auto und können es sich auch leisten.

Folgendes steht zu vermuten: Jeder Mensch aus ihrer Umgebung, also Ihre Familie, Freunde, Kollegen, Geschäftsfreunde – kurzum jedermann kann aus jedem beliebigen Detail Ihres Verhaltens erkennen, wer Sie in Wirklichkeit sind.

Wichtig: Besonders diese Schlussfolgerung könnte Sie beunruhigen, sagt sie doch nichts anderes als das: Unser eigenes Verhalten macht uns nicht nur für den in Menschenkenntnis versierten Mitmenschen durchsichtig wie Fensterglas. Das bedeutet: Ihr Verhalten hat großen Einfluss auf Ihren gesellschaftlichen und beruflichen Erfolg.

2. Positives Verhalten bevorzugen

Den eingangs erwähnten erfolgreichen Weg kennzeichnen Wegweiser, auf denen zu lesen steht:

1. Positive Lebensweise

2. Gute Gesundheit

3. Wertvolle Kontakte

4. Beglückende, beflügelnde Kultur

5. Materielles Wohlergehen

Vielleicht haben Sie bei Ihren Autofahrten auf einer im Ausbau befindlichen Gegenfahrbahn gelegentlich eine dieser Maschinen gesehen, mit denen drei Autobahn-Fahrspuren gleichzeitig betoniert werden, wobei sich dieser gigantische Apparat langsam, aber stetig vorwärts bewegt. Stellen Sie sich vor, Sie wären ein Wesen, das auf seinem Weg zum Lebensziel gleich fünf derartige Spuren durch Ödland zu bahnen hätte.

Aber der Vergleich hinkt. Während Ihr Auto Sie auch noch auf einer verbliebenen Fahrbahn zum Ziel bringt, erreichen Sie Ihr Lebensziel nur, wenn Sie auf allen Wegen – und das sind in Ihrem Fall fünf – wie die Straßenbaumaschine gleichzeitig vorankommen. Fällt auch nur ein Weg zum Lebensziel aus, haben Sie verloren.

Beispiel:

- Jemand ist kerngesund – und betont das auch in aller Öffentlichkeit. Er verfügt über wertvolle Geschäftskontakte, allerdings sind da auch ein paar Feinde. Seine Frau und die Kinder hat er verlassen. Das Geschäft sei ihm wichtiger als die Familie, sagt er. Finanziell geht es ihm glänzend. Er interessiert sich für darstellende Kunst, sammelt wertvolle Bilder.

  Einige Menschen seiner Umgebung halten ihn für einen Ellenbogen-Menschen, der auf dem Weg zu Geld und Macht „über Leichen" geht. Würden Sie – falls das zutrifft – mit ihm tauschen wollen?

- Jemand ist krank. Zweimal wöchentlich muss er zur Blutwäsche, alle paar Wochen zum Lasern der Augen. Eingebrockt hat er sich das selbst, weil er die unabdingbare Verhaltensweise nicht beachtet hat, die er als Typ-II-Diabetiker unbedingt hätte einhalten müssen. Was nützen ihm jetzt Geld, das eigene Haus, das Auto?

- Was fängt jemand mit seinem Leben an, der vereinsamt ist? Er hat ein ganzes Leben lang unter hunderten Menschen gelebt. Warum ist er jetzt, im Alter, einsam? Liegt es vielleicht an ihm selbst? Hat er sich für seine Mitmenschen nicht interessiert, sie womöglich unfreundlich behandelt, verärgert, vor den Kopf gestoßen?

- Wie fühlt sich ein Mensch, der von der Wohlfahrt leben muss, der allein ist und dahinsiecht? Hat ihm sein Leben nicht Chancen in Hülle und Fülle gegeben, am Reichtum dieser Welt teilzunehmen, Freunde zu gewinnen und ein gesundes Leben zu führen?

Vor vielen Jahren notierte ich in einem Enkelmann-Seminar: „Das nächste Jahr wird für mich ein Jahr des Fortschritts und des Erfolgs. Warum?"

Die Frage scheint zunächst unbeantwortbar. Aber versuchen wir's, indem wir schrittweise vorgehen. Fragen wir nach Fortschritt und Erfolg auf dem Weg „positive Lebensweise":

Ganz bestimmt gibt es niemanden, der sich jede Minute seines Lebens positiv verhält, nicht einmal die Autoren, die sich mit dem Thema befasst und darüber sogar Bücher geschrieben haben. Auch ich bringe das nicht fertig. Was hierüber in den Fachbüchern steht, ist in Ordnung. Hier werde ich es natürlich nicht wiederholen; das wäre auch gar nicht möglich. Aber einige weitere Gedanken dazu könnten helfen.

Den Blick nach vorne gerichtet

Als ich zum zweiten Mal laufen lernte, blickte ich mit gesenktem Kopf auf den Boden. So ging ich eine ganze Weile, und es bestand die Gefahr, dass ich mir dieses Gehen angewöhnen könnte. Doch meine Frau ließ das nicht zu. „Sieh nicht immer nach unten!", rief sie mir zu. „Sieh nach vorn, lass den Kopf nicht hängen. Das sieht ja schrecklich aus, wie du gehst!" Natürlich dachte sie im diesem Augenblick nicht daran, dass ich noch unsicher war und deshalb bei jedem Schritt den Weg vor mir prüfte. Aber dann gelang es, beim Gehen mit erhobenem Kopf nach vorn zu blicken. Damit kehrte schlagartig meine ursprünglich meist gute, positive Stimmung zurück. Die ganze Welt sah plötzlich wieder freundlich aus. Ich freute mich wie stets zuvor meines Lebens.

Erfolgs-Tipp:

„Wenn einem das Wasser bis zum Halse steht, sollte man nicht den Kopf hängen lassen."

Es gibt kein größeres Lebensziel als positives Verhalten. Große Ziele zu erreichen oder ihnen wenigstens näher zu kommen, braucht Zeit. Kein Mensch bringt es aber fertig, sich tage-, jahre- und gar lebenslang bewusst positiv zu verhalten. Machen wir es den Alkoholkranken nach, die entschieden haben: kein Alkohol mehr! Sie sagen nicht: „Niemals wieder werde ich Alkohol schlucken." Sie erklären: „Heute lasse ich das erste Glas stehen."

Dasselbe könnten wir beschließen: „Heute werde ich mich positiv verhalten."

Nur heute! Das ist zu schaffen, wenn auch das, da sollten wir uns nichts vormachen, schwierig genug ist. Denn positiv zu reagieren auf schlechten Service, Einwände und Widerspruch, Rücksichtslosigkeit, Verspätungen, nicht eingehaltene Zusagen, Vorwürfe, unangemessene Kritik und hunderterlei anderer Unfreundlichkeiten setzt

- Toleranz,
- Empathie und Geduld,
- großzügiges Denken, verzeihen können,
- Selbstbeherrschung und Selbstbewusstsein voraus.

Wenn Ihnen so großer Ärger widerfährt, dass Ihnen „der Kragen platzt", dann lassen Sie ihn platzen. Sie müssen ja nicht gleich mit Geschirr, Akten oder Steinen werfen, ein verbaler Ausbruch kann schon recht befreiend wirken.

Aber was halten Sie von einem Schaufensterbummel, einem Spaziergang einen Waldweg entlang oder – ganz besonders wirksam – auf eine freie Bergkuppe oder einen Hügel, von dem aus Sie weit ins Land schauen können. Wie klein sind die Häuser und Straßen da unten, wie klein die Menschen, wie klein ist plötzlich Ihr Ärger, und wie groß sind Sie! Wenn ein Spaziergang nicht möglich ist, schauen Sie doch einfach drei oder vier Minuten lang aus dem Fenster und atmen Sie tief durch. Auch das hilft, Ärger zu vertreiben.

Erfolgs-Tipp:

- Positive Menschen genießen ihr Leben.
- Negative Menschen genießen ihren Ärger.

3. Gesundheit: Körpergift und Heilkraft

Vor kurzem erhielt ich – des für mich interessanten Inhalts wegen – einen zufällig wieder gefundenen, im April 1976 abgeschickten Brief. Darin schrieb ich: „… plage ich mich seit Juni vorigen Jahres … in der linken Hüftgegend … konnte nicht länger als 10 Minuten gehen. Jetzt klingt es allmählich ab."

Mein Körper hatte mir ein Signal geschickt: „Pass auf, dein linkes Bein ist nicht mehr in Ordnung. Die Arterien verstopfen allmählich. Du musst deine Ernährung ändern." Weitere Signale erreichten mich; ich nahm mir keine Zeit für sie, meinte, das käme schon alleine wieder in Ordnung. Grund: Ab 1976 war ich selbstständig, das Geschäft lief glänzend, nahm mich aber voll in Anspruch. Für Wehwehchen, so dachte ich, habe ich keine Zeit.

Die Signale kamen häufiger, wurden dringender, schließlich alarmierend. Ich unternahm nichts. Dann geschah es: Das linke Bein „ging" eines Tages überhaupt nicht mehr. Es hatte sich vorzeitig vom Körper verabschiedet, war gestorben, musste abgesägt werden. Das war's dann.

Symbiose und Missbrauch

Ungezählte Milliarden von Prionen, Viren und Bakterien leben ständig oder – wie beispielsweise Schnupfen-Viren – vorübergehend in unserem Körper. Die allermeisten nützen uns, sind sogar lebenserhaltend. Es besteht also eine Symbiose zwischen den Bakterien, von denen wir im Körper mehr haben als Zellen, und dem Körper. Der Körper ernährt die Bakterien, diese sorgen unter anderem für unsere Verdauung und beseitigen Giftstoffe. Viren und auch Bakterien, die Krankheiten erzeugen, bekämpft und vernichtet unser Immunsystem.

Ein anderes Bild: Auf der Erde leben gegenwärtig mehr als sechs Milliarden Menschen. Auch hier besteht eine Art Symbiose zwischen Mensch und Erde. Für die Naturwissenschaft ist die gesamte Erde ein zusammenhängendes lebendes System. Dieses System, so könnte man sagen, braucht uns Menschen beispielsweise zur Entwicklung von Kultur. Unbestritten ist: Wir können ohne die Ressourcen der Erde nicht leben. Sie liefert uns außer der direkten Sonneneinstrahlung alles, was wir zum Leben brauchen, und sogar vieles darüber hinaus.

Aber wenn zu viele Menschen die Erde missbrauchen, ihre Warnsignale aus Bequemlichkeit und Raffgier ignorieren, wird sie sich wehren. Ihr Immunsystem wird uns die Lebensgrundlagen entziehen. Das ist dann das Ende der Menschheit. Hier ein zugegebenerweise makabrer Scherz, den ich kürzlich hörte:

Die Venus fliegt an der Erde vorbei und ruft bestürzt aus: „Erde, was ist los mit dir? Du siehst ja blass aus!"

„Ich bin krank, liebe Venus, ich habe homo sapiens."

„Ach", sagt Venus tröstend, „das geht vorüber."

Sind wir für die Erde so etwas wie Bakterien, die für sie nützlich, aber auch schädlich sein können?

Zwischen Mikro- und Makrowelten

Bakterien erreichen die Größe von einem Meter hoch minus 7. Der Erddurchmesser hat die Größe von einem Meter hoch plus 7. Menschen erreichen die Größenordnung von etwas über einem Meter. Wir befinden uns also in der Mitte zwischen der Mikro- und Makro-Welt. Sollte das ein Zufall sein?

Wenn wir uns negativ verhalten

- der Erde gegenüber,

  wird ihr Immunsystem – das können wir glücklicherweise nicht zerstören – uns einfach beseitigen wie lästige Bakterien;

- unserem Körper gegenüber,

  dann erkrankt der Körper, kündigt seinen Dienst auf und stirbt vor der uns eigentlich vorgegebenen Lebenszeit.

Wichtig: Wir sind nicht unser Körper. Wie wir auf der Erde leben, leben wir in unserem Körper. Ihn durch unser positives Verhalten vor Krankheit zu schützen, ist unsere Pflicht.

Erkranken wir trotzdem, sollten wir uns weder beklagen noch über das Kranksein jammern. Wir sollten durch vernünftiges Verhalten und eine dankbar-positive Einstellung zu unserem Körper ihm helfen, wieder zu gesunden. Die positive Einstellung zur Krankheit ist außerordentlich wichtig. Wissenschafter sind inzwischen zu der Erkenntnis gekommen, dass Körper und Seele nichts getrennt Existierendes sind, sondern eine Einheit bilden, in der ein Fließgleichgewicht besteht. Wenn wir negativ denken, wirkt das sofort negativ auf den Körper. Negatives Denken und Handeln ist daher Körpergift, das uns krank machen und sogar tödlich vergiften kann. Jede positive Regung, freuen und Freude bereiten, wirkt dagegen als Heilkraft. Lachen, so sagt der Volksmund, ist die beste Medizin.

4. Kontakte: Wir sind nicht allein

Als Embryo leben wir etwa neun Monate lang, mit allem Notwendigen bestens versorgt, allein in einer Art Höhle. Ganz trifft das allerdings auch nicht zu, denn immerhin hören wir bereits den Herzschlag der Mutter. Wenn wir dann auf die Welt kommen, sind wir umgeben von Menschen; und so bleibt es bis zuletzt. Erst im Tod werden wir wieder allein sein.

Unser ganzes Leben lang sind also Menschen um uns. Auch hier trifft wieder der Begriff Symbiose zu, denn Menschen sind ständig und auf vielfältigste Weise aufeinander angewiesen. Erste menschenähnliche Wesen gibt es auf der Erde erst seit ungefähr zwei Millionen Jahren. Man kann sagen, die Menschheit befindet sich noch im Embryo-Stadium und hat deswegen noch nicht begriffen, dass sie zueinander halten muss, statt sich zu bekriegen, umzubringen und zu betrügen. Indes, darüber zu lamentieren bringt uns nicht weiter. Fragen wir lieber, wer diese etwa 300 Menschen sind, mit denen wir es zu tun haben. Niemand von uns ist ein Messias oder will einer sein. Die Weltverbesserer haben oft das Gegenteil ihrer Wunschvorstellungen erreicht, nämlich die blutigsten Religionskriege ausgelöst. Versuchen wir also nicht, die Menschheit zu bekehren, verbessern wir stattdessen unseren Kontakt zu den wenigen Menschen, die in unserem Leben irgendeine Rolle spielen.

Meine Erfahrung sieht so aus: Ich hatte gute Eltern und habe noch heute viele schöne Erinnerungen an meine Spielgefährten und Schulkameraden. Dann kamen Krieg und Kriegsgefangenschaft. Auch aus dieser Zeit gibt es bis heute bestehende Freundschaften.

1976 verließ ich die Firma IBM, die von 1947 bis 1975 mein Arbeitgeber war. Gelegentlich treffe ich heute noch einen der zahlreichen IBMer, die ich von 1952 bis 1975 ausgebildet hatte. In jedem einzelnen Fall wurde ich bisher bei solchen Begegnungen freudig begrüßt. Man erinnert sich immer noch gerne an mich.

Kürzlich feierten meine Frau und ich den 83. und 85. Geburtstag. Die Zahl der Anrufe, Glückwunsch-Schreiben, Blumengeschenke und so weiter war überwältigend. Als noch Tage nach der Feier ein Bote Blumen brachte, sagte ihm meine Frau: „Du meine Güte, wo soll ich die denn hinstellen, ich habe ja gar keine Vase und keinen Platz mehr!" Darauf der Bote: „Freuen Sie sich doch, dass Sie so beliebt sind."

Fassen Sie diese Aufzählung bitte nicht als Eigenlob-Geschwätz auf. Es geht um etwas ganz anderes:

Häufig: Einsamkeit und Trauer

Zu unserem Kreis gehören inzwischen mehr Menschen, als uns lieb ist, die wir jahrelang zu unseren guten Bekannten oder gar Freunden rechneten – und die das in unseren Augen heute noch sind –, die aber allein, zum Teil materiell nicht sehr gut ausgestattet, und in den meisten Fällen auch nicht gesund sind. Wir fühlen uns ihnen verpflichtet und tun unser Möglichstes, ihnen beizustehen. Aber die Anrufe häufen sich: „Kommt doch, besucht mich …" Und wir erfahren das ganze Elend der Vergessenen und Vereinsamten und können letzten Endes nicht viel helfen.

Es heißt: „Man ist so alt, wie man sich fühlt." Diese Menschen sind, und das schon seit Jahren, viel älter als ihr biologisches Alter sie ausweist. In ihrer Einsamkeit legen sie sich Haustiere zu, Kanarienvögel, Katzen, Hunde, mit denen sie sprechen, und sie sprechen mit sich selber! Denn mit irgendjemandem müssen sie sprechen, da Einsamkeit und Sprachlosigkeit wohl für die allermeisten Menschen unerträglich sind.

Trifft man sich, dann reden und reden und reden sie, von der Vergangenheit, von ihren Krankheiten – es ist, als wollten sie all das nachholen, was sie loswerden mussten, und für das sie doch niemanden hatten, der zuhören würde. Es gibt für sie keine Zukunft, keine Hoffnung mehr, und ihr Gedächtnis gleicht einem Schrottplatz. Das ist eine menschliche Tragödie und das Schlimmste daran: eine unnötige.

Wir brauchen uns ja nur möglichst frühzeitig im Leben bewusst zu werden, wer diese im Durchschnitt nicht mehr als 300 Menschen sind, mit denen wir in irgendeiner Weise in Berührung kommen. Sobald uns das bewusst ist, können wir uns diesen Menschen gegenüber sogar in schwierigen Situationen erfolgreich verhalten, indem wir das beherzigen, was Pythagoras schon vor 2600 Jahren verkündet hat. Er riet seinen Schülern: „Verhalte dich so, dass du aus deinen Freunden keine Feinde, und aus deinen Feinden Freunde machst."

Erfolgs-Tipp:

Interessieren Sie sich für die 300 Mitmenschen. Seien Sie freundlich und hilfsbereit. Versuchen Sie, in irgendeiner Weise nützlich zu sein. Gelingt Ihnen das, werden Sie auch im Alter nicht einsam sein.

5. Kultur: Versicherung für Lebensqualität

Nur, wenn wir uns selbst als Teil der Natur sehen, ist Kultur etwas, das die Natur hervorgebracht hat. Der Einfachheit halber sagen wir: „Kultur ist eine Lebensart des Menschen." Wir sprechen aber auch von Kultur oder Kulturen in der Landwirtschaft, von Kultur-Völkern und Hochkulturen, die Medizin kennt Bakterien-Kulturen und so weiter. Im hier vorgegebenen Rahmen ist Kultur als Lebensart gemeint.

Während einer von IBM organisierten Tagung erlebte ich vor vielen Jahren einen ausgezeichneten Referenten, an dessen Ausführungen ich mich heute noch erinnere. Sein Thema hieß: Das Loch. „Wenn man aus einem leeren Gefäß auch das letzte Quentchen Luft entfernt, ist es dann leer?", fragte er uns. Dann wies er nach, dass man zwar ein Loch herstellen kann, aber keinen leeren Raum, kein Vakuum. In der Natur gibt es kein Vakuum.

Vermeiden: Vakuum im Leben

Da ich annehme, dass Sie weder prüde sind noch Geld verachten, erlaube ich mir diese beiden Fragen:

- Was halten Sie von Sex?
- Was halten Sie von Geldverdienen?

Vermutlich werden Sie weder das eine noch das andere missen wollen. Was aber werden Sie davon halten, wenn Sie 85 Jahre alt sind? Womöglich erreichen Sie sogar den hundertsten Geburtstag oder werden noch älter! Glauben Sie, dass für Sie Sex dann eine so wichtige Rolle spielt wie jetzt, oder Sie dringend Geld verdienen müssen, um Ihre Brötchen bezahlen zu können?

Nun, nichts von beidem wird zutreffen. Sie werden bestätigen: So gut wie jeder Krimi handelt davon, dass ein Mann mit zwei Frauen oder eine Frau mit zwei Männern schläft – was natürlich auf die Dauer nicht gut ausgehen kann. Oder ein Mensch ergaunert das Geld eines anderen. Auch das erregt Missfallen und bietet interessanten Stoff für Krimis. Damit wird klar, eine wie wichtige Rolle Sex und Geld in unserem Leben darstellen, um die sogar – und nicht nur in der Ehe – Kriege geführt werden. Mit anderen Worten: In jedem von Ihnen, so Sie ein hohes Alter erreichen, was ich Ihnen wünsche, wird eines Tages ein gewaltiges Vakuum entstehen, vergleichbar mit dem Ozon-Loch über dem Südpol. Aber es gibt gar kein Vakuum! Was wird es dann stattdessen in Ihrem Leben geben?

Es gibt alt gewordene Menschen, die, wie man sagt, „abbauen", obgleich sie manchmal erst die Mitte der 50er erreicht haben. Sie haben ihre Wehwehchen. Die haben wir alle. Aber sie reden andauernd über ihre Wehwehchen. Sie reden auch über das Wetter. Das war früher viel besser. Oder über das Essen. Das hat früher besser geschmeckt. Oder über die Preise. Früher hat alles viel weniger gekostet. Oder über die Nachbarn, nichts Gutes natürlich. Wie schlecht und respektlos die Jugend heute ist, darüber regen sie sich auf, und was sie dagegen für tolle Kerle waren, was sie alles auf die Beine gestellt haben, damals, als die Welt noch in Ordnung war.

Diese Menschen, so kann man überspitzt sagen, leben nicht, sie existieren nur.

Einige meiner Mitmenschen, meist ältere Seminarteilnehmer, habe ich gefragt, wie lange sie noch beruflich tätig bleiben wollten. Oft wurde ich dann regelrecht angestrahlt. „Nur noch drei Jahre, dann gehe ich in Rente!" „Was werden Sie dann tun?" „Dann sortiere ich endlich meine Dias, das sind Hunderte!" „Dann lese ich meine Bücher", meinte ein anderer. „Dann sehe ich mir die Welt an." „Dann tue ich erst mal gar nichts", auch das kam vor.

Was meinen Sie, wie lange wird jemand begeistert Dias sortieren? Wie lange wird jemand, der dem Lesen von etwas anspruchsvolleren Texten längst entwöhnt ist, alle seine Bücher lesen? Wie lange wird jemand die Strapazen langer Flugreisen ertragen, auch wenn er noch so viel Geld hat, sie zu bezahlen? Nicht lange, darin sind wir uns sicherlich einig. Aber ein Mensch, der mit 60 oder gar 53 Jahren seine berufliche Arbeit beendet, womit beschäftigt der sich in den wahrscheinlich noch vor ihm liegenden 25, 30 oder sogar noch mehr Jahren?

Jetzt in die Zukunft blicken

Sie werden vermutlich nicht planen, so früh die Hände in den Schoß zu legen. Vielleicht hören Sie mit Ihrer derzeitigen Arbeit erst viel später auf. Aber eines Tages ist es so weit. Was haben Sie dann vor, Dias sortieren? Für Sie ist die Antwort auf diese Frage sogar noch wichtiger als beispielsweise für einen Lastwagenfahrer oder Industriearbeiter. Denn im Gegensatz zu solchen Berufen gehen Sie in Ihrer Arbeit auf, für Sie gibt es wahrscheinlich kaum etwas Wichtigeres als Ihr Geschäft. Was passiert, wenn Sie in Rente gehen oder wie immer Sie das Ende Ihrer beruflichen Karriere bezeichnen?

Früher oder später, meist früher, erweisen sich für später aufgehobene Vorhaben eines nach dem anderen als Illusion. Mit diesem Unvermögen, früher beabsichtigte Vorhaben jetzt, da die Zeit gekommen ist, auszuführen, setzen sich diese Menschen selbst unter negativen Stress. Sie erkennen ihr Unvermögen, und genau damit ruinieren sie selbst ihre Lebensfreude. Sie werden, auch wenn sie noch gar nicht so alt an Jahren sind, griesgrämige, nörgelnde, unausstehliche „Alte".

Langeweile macht sich breit

Interessantes erleben?

Nichts da. Interessant ist, ob es im Fernsehen endlich mal einen spannenden Film gibt. „Was ich heute vorhabe? Wieso vorhaben? Nichts Besonderes. Mal sehen, wie's Wetter wird."

„Hat jemand angerufen?"

„Nein." „Ach so – gab's was in der Post?"

„Wieso, erwartest du was?" „Nein." „Also, da war nichts, – nur Reklame, ein paar Bettelbriefe und ein Schreiben vom Finanzamt – ich hab es dir hingelegt."

Nichts passiert mehr. Niemand will etwas von einem. Kaum Anrufe. Langeweile steigt langsam auf, wie Nebel. Den Nebel über den Wiesen und Äckern lösen bald die Sonnenstrahlen auf. Die Langeweile im Leben könnte wie loser Staub weggepustet werden von Lachen, von Freude, auch Begeisterung. Aber diese lebensfrohen Stimmungen sind längst verflogen. Stattdessen: „Ach, schon wie-

der Pizza? Warum gibt's nicht mal wieder 'nen schönen Schweine-
braten oder ein Steak?" Der Horizont ist geschrumpft. Er heißt
jetzt Tellerrand.

Kultur ist Lebensart

Lebensart legt man sich nicht als Nebenbeschäftigung zu, wenn
man alt geworden ist. Lebensart hat man oder man hat sie nicht.
Kinder verraten beim Spielen die ihnen eigene Lebensart. Aber
wenn aus den Kindern Erwachsene werden, geht Lebensart
manchmal verloren.

Fangen Sie jetzt an!

Womit können Sie ab sofort dafür sorgen, dass es für sie niemals
Langeweile und langsamen, aber stetigen Abbau Ihrer Persönlichkeit geben wird? Seit langem ist bekannt: Das Gehirn nützt sich
niemals ab; im Gegenteil, je mehr man es benutzt, umso besser arbeitet es!

Schachspielen? Malen? Basteln? Segeln, Golf spielen? Ins Theater
gehen, Theater spielen, Tanzen gehen, Konzerte besuchen? Orchi-
deen züchten? Garten anlegen, Fotografieren? Im Chor singen?
Sich einer Wandergruppe anschließen? Tennis spielen? Reiten? Einen Kindersportverein gründen und leiten? Mit Philosophie beschäftigen, einem Literaturzirkel angehören, eine weitere Fremdsprache lernen, Vorträge, Referate halten, literarische Beiträge
schreiben? Ein Ehrenamt in der Gemeinde übernehmen oder in der
Kirche Orgel spielen? An einer Volkshochschule Kurse belegen, an
einer Uni einschreiben, Geschichte studieren?

Irgendetwas davon, oder vielleicht auch etwas ganz anderes, können Sie, falls nicht ohnehin schon geschehen, unverzüglich in die
Wege leiten. Sie müssen das sogar, wenn Sie nicht eines Tages zu
den „Tellerrand-Alten" und „Abgeschriebenen" gehören wollen.
Diese Initiative, die Sie von sich selbst fordern müssen, verträgt keinen Aufschub auf später. Denn später ist es für all das zu spät.

6. Konto: Auch Umwege führen zum Ziel

Zehn Jahre lang war ich immer mal wieder in den USA und lernte dort US-IBMer kennen. Fast jeder erzählte mir schon wenige Stunden, nachdem wir uns bekannt gemacht hatten, unaufgefordert und stolz, was er jetzt verdient und wie viel es im nächsten Jahr sein wird. Bei uns ist das verpönt. „Über Geld spricht man nicht. Geld hat man.", heißt es. Warum eigentlich?

Sie wissen, wie man Geld verdient und damit umgeht, also besteht kein Bedarf, darüber zu sprechen. Dennoch mag es für Sie interessant sein zu erfahren, wie „Geldverdienen" und „Geldhaben" vom Standpunkt eines 85-jährigen aussieht.

Dazu möchte ich Ihre Phantasie auf das Verhalten eines Kindes lenken, das seit ein paar Monaten laufen gelernt hat. Josi, so wird das Kind gerufen, läuft – beispielsweise – zielstrebig auf einen Ball zu. Aber kurz vor dem Ziel wendet sie sich abrupt nach links. Dort hat Josi unter dem Tisch den zum Sprung nach dem Ball ansetzenden Kater Benjamin entdeckt. Jetzt sind beide hinter dem Ball her. Da geht die Tür auf. Josi lässt Ball Ball sein und läuft nach rechts zur hereinkommenden Mutter. Die spricht ein paar Worte mit Josi, überlässt sie bald wieder sich selbst. Josi krabbelt zu einem Stofftier, das mitten im Zimmer auf dem Teppich liegt. Sie läuft nicht – sie krabbelt auf allen vieren.

Kreativ statt linear

In Management-Seminaren geht es unter anderem um Zielsetzung, Realistischen Tagesplan, A-, B-, C-Prioritäten und Umgang mit Zeit, auf Deutsch: Time-Management. Ganz besonders beruflich erfolgreiche Menschen vernachlässigen in dem Streben nach immer größerem Erfolg, nach Geld und Macht, „das Links und Rechts", sie nehmen es nicht mehr wahr. Das hat negative Folgen, die mit jedem neuen Erfolg größer und mit jedem Lebensjahr offensichtlicher werden.

Gewiss ist spezielle Ausrichtung auf einen Bereich, beispielsweise auf Ihre Tätigkeit, richtig und notwendig. Aber übersehen Sie dabei nicht die Welt links und rechts und davor und dahinter. Denn wer sich so verhält, wird blind für seine Umwelt und verpasst die Vielfalt des Lebens. Freunde werfen ihm vor, für anderes als seinen Beruf nicht ansprechbar zu sein, und ziehen sich zurück. Wirklich gefährlich wird die übertriebene Ausrichtung auf nur ein Ziel während der beruflichen Entwicklung, weil man einseitig wird. Man sieht die Fülle der Möglichkeiten, Verbesserungen und Chancen nicht, die sich allenthalben anbieten. Man bleibt starr bei der einmal eingeschlagenen Gangart, dem einmal ausgewählten Wohnort. Man wird unflexibel. „Krabbeln statt laufen? Kommt nicht in Frage!"

Scheuklappenmentalität

Einseitig orientierte Menschen werden im Alter noch engstirniger und in unangenehmer Weise rechthaberisch. Sie sind sich mit ihrer weltfremden Einstellung selbst der Größte. Eines Tages erkennen sie dann, dass sie – selbst wenn sie zu den „besser Verdienenden" oder gar Millionären gehören – am Leben vorbeigelebt haben. Sie haben vielleicht Geld genug, aber keine Freunde mehr.

Es stimmt: Sie können für sich selbst sorgen

Geld bedeutet Freiheit und Sicherheit. Aber diese Sicherheit ist fragwürdig. Bargeld, Aktien, Immobilien – all das kann von heute auf morgen verloren sein. Die Quelle unseres Wohlstandes müssen wir selbst bleiben, immer, nicht nur bis zum Rentenalter oder dem Ausscheiden aus dem Unternehmen. Finanzielle Sicherheit – das allerdings auch nur, solange wir geistig gesund sind – bringt allein die eigene Persönlichkeit, das, was wir können und anpacken; das, womit wir anderen Nutzen bieten. Der Nutzen muss benötigt und wertvoll sein. Alles, was nützt und wertvoll ist, darf Geld kosten. Was nichts kostet – es sei denn, es handelt sich um ein Geschenk –, ist auch nichts wert. Auch das sollten wir bedenken: Im Alter brauchen wir nicht etwa weniger, sondern mehr Geld zum Leben – jedenfalls gilt das für Sie und für mich.

Ist das für jedermann möglich, zeitlebens für sich selbst zu sorgen? Ganz gewiss nicht. Aber Sie sind nicht ein jedermann. Sie können das. Verhalten wir uns auch als erwachsene, viel beschäftigte und erfolgreiche Menschen wie die kleine Josi.

Alle Möglichkeiten miteinbeziehen

Schauen wir zurück, zur Seite, nach vorn – nicht nur auf unser derzeitiges Ziel. Achten wir vielmehr auf alles um uns herum. Was passiert da? Lassen wir uns auch ruhig einmal ablenken, tun gar nichts, schauen aus dem Fenster, verbummeln sogar einen ganzen Tag, statt ständig zu hetzen: Ich will die Nummer eins werden! Auch jeder Selbstvorwurf sollte unterbleiben.

Sich auch mal selber loben

Loben wir uns! Auf Lob von anderen zu warten ist sinnlos. Große Ziele im Spurt zu erreichen wie ein Hundertmeterläufer, das funktioniert nicht.

Wer weit vorankommen will, muß Schritt vor Schritt setzen, auch mal verschnaufen, zu sich selbst kommen. Erst, wenn wir uns so verhalten, erkennen wir die vielen Chancen, die an uns vorüberziehen, zum Greifen nah.

Lust auf Leben

Ihnen, geduldiger Leser, wünsche ich, dass Ihnen niemals die Lust aufs Leben vergehen möge und Sie immer – für gutes Geld, versteht sich – etwas zu bieten haben, und zwar ganz unabhängig von Ihrem Lebensalter. Sie werden sehen: Man wird es gerne annehmen und gerne bezahlen, vor allem, wenn Sie das Geld eigentlich gar nicht mehr brauchen. Erst dann werden Sie bis zum jüngsten Enkel hin alle finanziellen Wünsche erfüllen können, und trotzdem auf dem Konto noch fünf Euro mehr zur Verfügung haben, als Sie brauchen.

7. Werden Sie aktiv!

Ihre persönlichen Erkenntnisse

- Meine drei wichtigsten neuen Erkenntnisse sind:

  . . . .

  . . . .

  . . . .

  . . . .

- Folgende Erkenntnisse sind mir aufs Neue bewusst geworden:

  . . . .

  . . . .

  . . . .

  . . . .

- Das werde ich in den kommenden Wochen bewusst anwenden:

  . . . .

  . . . .

  . . . .

  . . . .

Mindmap: Verhalten

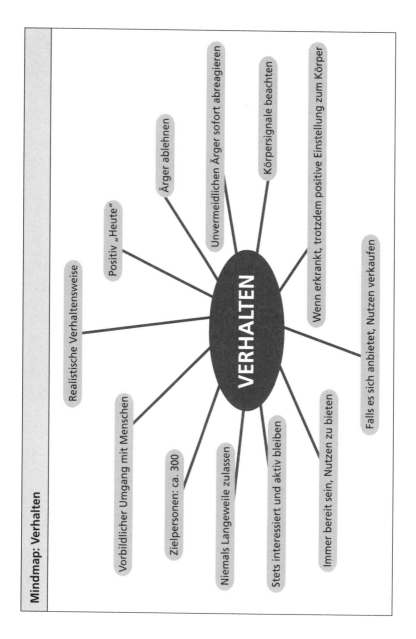

Danke – von Beginn an

17

1. Wortschatz: Beispiele prägen

Jeder Mensch hat einen Wortschatz, seinen Wortschatz, und dieser ganz persönliche Wortschatz, dessen er sich bedient, enthüllt, wes Geistes Kind er ist. Jedem von uns ist mehr oder weniger bewusst: Texter vieler Fernseh-Produktionen haben die für den Qualitätsanspruch ihrer Sendungen offenbar unverzichtbare Fäkaliensprache entdeckt und verwenden sie bei jeder sich bietenden Gelegenheit. Ein besonderer Ausdruck geistiger Armseligkeit?

In einem Fernseh-Interview über ihre Steueraffäre scheut sich eine bekannte Entertainerin nicht, gleich zu Beginn ihres Beitrages und in einem Satz die Ausdrücke „beschissen" und „Arsch" zu verwenden. Ergebnis: Das meist junge Publikum übernimmt solche schlechten Beispiele in die Umgangssprache. Kinder wachsen schon damit auf. So werden sie, was ihren Wortschatz betrifft, von Beginn an vermurkst. Wörter wie „Scheiße" oder „echt geil" kommen ihnen ohne die geringste Hemmung über die Lippen.

Das Wort „danke" scheint ihnen dagegen fremd zu sein. Als zwar noch junge, aber doch schon erkennbare Persönlichkeit disqualifiziert sich der Jugendliche damit selbst, unbedacht und verführt von wahrhaft schlechten Beispielen. Es gilt eben immer noch Sokrates' Wort: „Sprich, damit ich dich sehe!"

Dank als Geisteshaltung

Mit „danke" meine ich nicht „vielen Dank", „tausend Dank", „verbindlichen Dank" und was es sonst noch an Danke-Verballhornungen gibt. Das sind Floskeln, leere Worthülsen, die man so dahinplappert. Danken können ist eine Geisteshaltung. Nun sind wir Menschen Produkt unserer Gene, also der Vererbung. Aber hinzu kommen die Einflüsse der Umwelt und auch alles, was wir gelernt haben. Diese beiden Faktoren formen uns weit mehr als geerbte Veranlagungen.

2. Kinder danken mit den Augen

Wie intensiv danken die schon offenen Augen eines Säuglings der Mutter, die ihn behütet und liebt! Dieses Danken hat er mit auf die Welt gebracht. Aber was wird daraus, wenn Lieblosigkeit oder gar Brutalität die ersten Umwelterfahrungen des noch so hilfsbedürftigen Kindes sind? Ist es wirklich zu verantworten, den gerade geborenen Säugling von der Mutter zu trennen, ihn in eine Krippe zu legen, in der er „medizinisch gut aufgehoben" ist? Aber solchermaßen isoliert, spürt er weder den Herzschlag noch die Wärme der Mutter, ganz zu schweigen von ihren Liebkosungen, ihrer Zärtlichkeit und der Geborgenheit, die ihre Nähe vermittelt. Steht da nicht zu befürchten, dass seine Augen schon während dieser ersten Wochen seines Lebens das Dank-Ausstrahlen verlernen? Ist es vielleicht ein Irrweg der modernen Gesellschaft, die so die Rolle der Mutter diskriminiert?

Wie anders entwickelt sich das in engem, liebevollen Kontakt zur Familie aufwachsende Kleinkind. Es kann schon lächeln. Sein Blick ist offen. Die Augen strahlen. Sie signalisieren Vertrauen und Dankbarkeit. Erste, vergnügte Laute sagen: „Ich freue mich, ich bin bei euch, ich lebe!"

Aus dem Kleinkind wird schnell ein Kind. Wir können uns an die eigene Entwicklung während der ersten fünf Jahre kaum erinnern, aber wir erleben diese Phase an unseren oder den Kindern und Enkelkindern anderer Eltern. Immer wieder überraschen uns ihre von Tag zu Tag fortschreitende Entwicklung und die schnell zunehmenden Fähigkeiten. Welch Lerntempo wird da vorgelegt! Allerdings – was die Kinder lernen, bestimmt zum großen Teil das Elternhaus.

Anlässlich einer Feier zum 75. Geburtstag bedankten sich die Tochter und drei Söhne der Jubilarin bei ihrer Mutter nicht nur mit erstandenen Geschenken, sondern vor allem mit sehr gut vorbereiteten und daher auch gut aufgenommenen persönlichen Beiträgen. Ihr Schwiegersohn ist Chirurg und Oberarzt an einer Klinik. Gleichzeitig ist er wissenschaftlich tätig und weltweit als Vortragender auf Kongressen gefragt. Seine Freizeit ist daher knapp bemessen.

Trotzdem hat er sich die Zeit genommen, für das Geburtstagskind ein ganz besonderes Geschenk vorzubereiten. Mit seinem älteren Sohn spielte er eine Sonate für Flöte und Klavier von Franz Joseph Haydn. Der schon Zwölfjährige und sein zwei Jahre jüngerer Bruder traten außerdem als Solisten am Klavier auf – ohne Lampenfieber, sicher, entspannt und konzentriert. Seine Frau – die Tochter der Jubilarin – trug ein Lied mit Gitarrenbegleitung vor. Das war der Dank zum 75. Geburtstag der Mutter und Großmutter! Dieser Dank hat die Jubilarin glücklich und stolz gemacht.

Ich habe darüber mit dem Vater gesprochen. Der sagte: „Das muss man den Kindern schon beibringen, wenn sie vier oder fünf Jahre alt sind. Sie brauchen das, wenn sie mal erwachsen sind."

Mich hat das nicht überrascht. Mit seinem Schwiegervater – er ist an den Folgen einer Kriegsverletzung seit langem verstorben – war ich eng befreundet. Daher weiß ich: Genauso hat er seine Kinder fit fürs Leben gemacht, dafür gesorgt, dass aus ihnen lebenstüchtige Menschen wurden. Sie danken es ihm heute noch und geben es jetzt an die eigenen Kinder weiter.

3. Danken vormachen

Wir können nichts, was wir nicht gelernt haben, nicht einmal in dem hier gemeinten Sinn danke sagen. Eltern müssen schon ihren noch kleinen Kindern die Augen öffnen, damit sie erkennen, dass nichts selbstverständlich ist, was sie an Gutem erfahren. Abends müde einzuschlafen und morgens frisch und munter wieder aufzuwachen, ist nicht selbstverständlich, sondern ein Wunder, ein Geschenk der Natur! Einen stets gedeckten Tisch vorzufinden, ist ein Glück ohnegleichen. Warum sagen so wenige Menschen danke dafür, dass sie gesund sind, keinen Mangel leiden und ein Dach über dem Kopf haben? Liegt es vielleicht auch daran, dass ihre Eltern versäumten, sie immer wieder darauf hinzuweisen?

Lernen durch Wiederholung

„Immer wieder"! Kinder, besonders noch sehr junge Kinder, lernen zwar schnell, aber sie brauchen trotzdem die Wiederholung. Eltern müssen vormachen, was sie ihren Kindern vermitteln wollen, nicht einmal, immer wieder von neuem, geduldig, unermüdlich, engagiert und zielstrebig. Aufmerksam müssen sie beobachten: Wird mein Kind ein dankbarer Mensch?

4. Wer dankt, hat's im Leben leichter

Eltern, Großeltern, ja die ganze Familie nimmt in diesem Geist aufwachsende Kinder offen auf. Die Kontakte zueinander sind eng und innig. Die Kinder kommen mit ihren Geschwistern gut aus. Sie lieben ihre Großeltern, und die lieben ihre Enkel. Die Familie hält zusammen, man versteht sich und – wenn nötig – hilft sich gegenseitig. Danksagen zu vergessen, wenn es angebracht ist und erwartet wird, zerstört menschliche Kontakte. Danken können ist lebenswichtig, ist sogar Voraussetzung für großen, auf Ellbogen-Rücksichtslosigkeit verzichtenden Erfolg. Wer nicht danke sagen gelernt hat, ist gezwungen, sich Erfolg für Erfolg zu erkämpfen. Wer danke sagt, wird erleben, dass die Erfolge ihm nachlaufen.

Weil das von so entscheidender Bedeutung für das später geforderte Stehvermögen des Heranwachsenden in seiner Umwelt ist, müssen die Eltern ihren Kindern diese Einstellung vorleben, solange sie noch unter ihrer Obhut sind. Sie müssen selbst danke sagen, ihre Kinder immer wieder darauf aufmerksam machen, und sie ganz bewusst für's Danken loben.

Ein menschlich reiches Leben

Ein so erzogener junger Mensch, der eines Tages im eigenen Zuhause wohnt und für sich selbst verantwortlich ist, braucht „die Welt da draußen" nicht zu fürchten. Er dankt und denkt positiv und wird sich so einen gleichgesinnten Freundes- und Bekanntenkreis suchen und ihn finden. Er wird immer wieder von nicht erwarteten Freundlichkeiten überrascht werden. Er wird Menschen begegnen, die ihm helfen, seine Ziele zu erreichen. Er wird ein menschlich reiches Leben führen.

Eines Tages ist er erwachsen, macht einen guten Eindruck, ist überall gern gesehener Junior, Mitarbeiter oder vielleicht sogar als Selbstständiger sein eigener Chef. Unaufgefordert bekommt er wertvolle Anregungen und Tipps. Er verfügt über interessante, positive Kontakte. Er ist umgeben von Menschen, die ihn fördern. Die meisten Menschen seiner Umgebung halten sein Auftreten und Wesen für angenehm und sympathisch. Denn dieser Mensch hat gelernt, danke zu sagen, und sei es dafür, dass jeden Morgen die Sonne aufgeht und ein neuer, erfreulicher Tag beginnt.

Mit zunehmendem Alter wird er erfahrener. Täglich dankt er seinem Schöpfer, dass sein Körper noch einigermaßen funktioniert, dass sein Geist ihn noch nicht im Stich gelassen hat.

Für viele Menschen ist er zum Vorbild geworden, für sicherlich ebenso viele noch nützlich und von manchen anderen noch gefragt.

Mindmap: Danke

Das Alter

Vorbild
Geliebt und gern gesehen
Nie vereinsamt

Wertschätzung
Immer noch nützlich
und gefragt

DANKE

Förderer
Bekommt
wertvolle Tipps
und Anregungen
Reiche, positive Kontakte
Unterstützung

Sympathisanten
Freunde & Helfer
Positives Denken
im eigenen Umfeld
Wünsche werden
an Lippen abgelesen
Überraschende
Unterstützung und
Zuwendung
von anderen
Bereichertes Leben
Hilfe bei Zielerreichung

Der erwachsene Mensch

Beruf
Natürliche Autorität
Willkommen
als Mitarbeiter
und/oder Chef
Hinterlässt
positiven Eindruck
Natürliche Autorität

Die Jugend

Eltern
Stolze Eltern
freundlich, wiederholen,
ansprechen, loben,
danke sagen,
vormachen

Familie
Glückliche Großeltern
angenehme Kontakte,
familiärer Zusammenhalt
Willkommen bei
Geschwistern und
sonstigen Verwandten
gegenseitiges Verstehen,
gegenseitige
Unterstützung

Das Kind

Das Kleinkind

vormachen, verständisvoll,
zielstrebig, aufmerksam

engagiert, wiederholen,
unermüdlich, geduldig

Seine Erziehung

Die ersten Jahre

Seine Umwelt

Zärtlichkeit, Liebkosung,
Betreuung, Freude,
Liebe, Wärme,
Kontakt

erste vergnügte Laute,
Lächeln,
offene, dankbare Augen,
Vertrauen

Der Säugling

Die Geheimnisse der Erfolgreichen auf einen Blick

1. **Persönliche Stärken**
   „Ich konzentriere mich auf meine Stärken."

2. **Begeisterung**
   „Ich gehe mit Begeisterung an meine von mir selbst gestellte Aufgabe."

3. **Persönlichkeit**
   „Ich bin eine starke, einflussreiche Persönlichkeit."

4. **Möglichkeits-Denker**
   „Ich bin ein Möglichkeits-Denker und weiß, was ich will."

5. **Zielsetzung**
   „Ich verfolge ein großes, schönes Ziel."

6. **Zeitmanagement**
   „Ich gehe mit meiner Zeit sinnvoll um."

7. **Sympathie**
   „Ich bin sympathisch und Meister im Umgang mit Menschen."

Die Geheimnisse der Erfolgreichen auf einen Blick

8. Kommunikation
„Meine Sprache lässt andere aufhorchen."

9. Gedankenordnung
„Ich kann meine Gedanken sehr gut ordnen und auf andere übertragen."

10. Aktivität
„Ich setze meine Ziele sofort in die Tat um."

11. Interesse
„Ich kenne meine Interessen und handle danach."

12. Information
„Ich bin stets gut informiert."

13. Gewohnheiten
„Ich lege behindernde Gewohnheiten ab."

14. Dank
„Ich bin ein dankbarer Mensch."

Mindmaps im Überblick

Literaturverzeichnis

Barth, Hans: Hermann Oberth, Begründer der Weltraumfahrt. Bechtle

Birkenbihl, Vera F.: Stroh im Kopf. Gebrauchsanleitung fürs Gehirn. mvg

Cypionka, Heribert: Grundlagen der Mikrobiologie. Springer Verlag

Döring, Peter K.: Der Pro-Verkäufer. moderne industrie

Döring, Peter K.: Effektiv telefonieren. moderne industrie

Döring, Peter K.: Ich schaffe es. mvg

Enkelmann, Nikolaus B.: Der Erfolgreiche Weg. Enkelmann Erfolgs-Edition GmbH

Enkelmann, Nikolaus B.: Mit Freude erfolgreich sein. mvg

Enkelmann, Nikolaus B.: Mit Freude leben. mvg

Enkelmann, Nikolaus B.: Das Enkelmann-Seminar: Power-Training. Metropolitan

Enkelmann, Nikolaus B.: Das Enkelmann-Seminar: Der erfolgreiche Weg. Metropolitan

Feldmann, Paul: Verkaufstraining. Heyne

Großmann, Gustav: Sich selbst rationalisieren. Ratio

Kirckhoff, Mogens: Mind Mapping. Die Synthese von sprachlichem und bildhaftem Denken. Synchron

Reich-Ranicki, Marcel: Mein Leben. DVA

Rentrop, Norman: Der persönliche Organisationsberater. Norman Rentrop

Schellbach, Oscar: Mein Erfolgssystem. Hermann Bauer

Seiwert, Lothar J.: Video: Mehr Zeit für das Wesentliche. moderne industrie

Vester, Frederic: Phänomen Stress. dtv

Stichwortverzeichnis

www.metropolitan.de